이것이 아랍 문화다

이것이 아랍 문화다

이희수·김정명·이수정·마영삼 지음

청아출판사

인사말

안녕하십니까, 한국-아랍 소사이어티(Korea-Arab Society, KAS) 사무총장 마영삼입니다.

한국-아랍 소사이어티는 2008년 외교부 주도하에 한국 및 아랍 22개국 정부와 양국 기업, 유관 단체 등이 참여하여 설립한 비영리 재단법인으로, 한국과 아랍 지역 간에 경제, 문화, 학술 등 여러 분야에 걸쳐 교류 사업을 시행하고 있습니다.

한국-아랍 소사이어티는 일반 대중의 아랍에 대한 지식 함양을 위해 《이것이 아랍 문화다》를 제작하였습니다. 아랍과 직간접적으로 교류하거나 뉴스를 접할 때 배경지식으로 알고 있으면 도움이 될 만한 내용들을 책자로 정리하였습니다.

《이것이 아랍 문화다》를 통해서 '아랍'이란 무엇인지에 대해 종교, 생활, 학문, 인물, 예술 분야를 중심으로 소개해 드리고자 합니다. 책을 통해 살아 있는 아랍을 직접 접해 보시기를 기대합니다.

이 책의 저자이신 이희수 교수님, 김정명 교수님, 이수정 박사님께 깊은 감사 인사를 드립니다. 각 분야의 전문가로서 학술적 내용과 그동안의 아랍 관련 경험을 잘 반영하여 독자의 눈높이에 맞는 글을 써 주셨습니다.

책을 읽으신 후에 아랍의 다양한 모습에 대한 여러분의 궁금증이 더욱 커질 것으로 생각합니다. 이에 부응하기 위해 이러한 책을 시리즈로 출판하는 방안도 검토하고 있습니다. 독자 여러분의 지속적인 관심과 성원을 부탁드립니다.

감사합니다.

재단법인 한국-아랍 소사이어티

사무총장 마영삼

목차

03 아랍·이슬람 세계가 낳은 위대한 인물

04 아랍의 문화 예술

01

아랍의 종교 문화

1. 같은 일신교인데 이슬람과 기독교는 무엇이 같고 무엇이 다른가요?

2. 《꾸란》에도 예수나 마리아에 대한 기록이 있다면서요?

3. 어떻게 하루 다섯 번의 예배를 꼬박 지키나요?

4. 라마단 - 한 달간 왜 단식을 하고 어떻게 굶나요?

5. 종교세와 희사금 - 자카트와 사다카

6. 메카 성지 순례에는 매년 얼마나 많은 사람이 모이나요?

A R A B

1.
같은 일신교인데 이슬람과 기독교는 무엇이 같고 무엇이 다른가요?

이슬람교(Islam)는 유일신인 하느님을 믿는 종교로 기독교, 유대교와 함께 3대 유일신 종교다. 하느님의 아랍어 표기는 '알라(Allah)'이다. 이슬람 경전인 《꾸란(Quran)》에서 알라는 창조자, 우주 삼라만상의 주관자, 전지전능한 절대자, 최후의 날의 심판자이다. 이슬람은 종교와 문화를 포괄하는 개념이며, 종교만을 이야기할 때는 이슬람교로 쓴다. 이슬람 신자는 무슬림(Muslim)이라고 한다.

우선, 이슬람의 의미는 무엇인가? 이슬람의 언어학적 어원은 '평화'이고, 신학적 의미는 '복종'이다. 따라서 이슬람 사상의 핵심과 삶의 궁극적 목표는 알라(유일신)에게 절대복종하여 내면의 평화를 얻어 천국에서 영원한 삶을 누리는 것이다. 이슬람에서 구원으로 향하는 가장 큰 특징은 중재자나 대속자 없이 신과 인간의 직접 교통을 가르친다는 것이다. 누구도 하느님에게 대적할 수 없고, 대신할 수도 없다. 하느님은 자식을 두지 않았으며 자식을 낳지도 않았다. 《꾸란》 전체의 3분의 1만큼 중요한 다음의 한 구절에 이 사상이 집약되어 있다.

> 말하라, 그분은 오직 한 분
> 시작도 없고 영원하시도다.
> 그분은 낳지도 낳아지지도 않았으니
> 그분과 필적할 자 아무도 없느니라. 《꾸란》 112장

이슬람은 구체적 실천을 위해 다섯 가지의 기본 의무를 수행해야 한다. 첫 번째는 신앙 고백(샤하다, Shahada)으로, '알라의 유일성과 무함마드가 그분의 예언자임을 믿는다'라는 의미의 아랍어 "라 일라하 일랄라 무함마둔 라술룰라(알라 이외에 다른 신은 없으며 무함마드는 알라의 사도이다)"라는 구절을 외우면서 자신이 무슬림임을 확인하는 의례다. 두 번째는 하루에 다섯 번 행하는 예배(살라트, Salat), 세 번째는 라마단(이슬람력 9월) 한 달간 해가 떠 있는 동안의 단식(사움, Sawm), 네 번째는 가난한 사람들을 위해 자기 순수입의 2.5%를 세금으로 내는 자카트(Zakat), 다섯 번째는 평생에 한 번은 권장되는 메카 성지 순례(하즈, Hajj)이다. 이를 이슬람의 다섯 기둥, 즉 오주(五柱)라고 한다.

이슬람에서는 모세의 율법, 다윗의 시편, 예수의 복음서의

서울 이태원에 있는 서울중앙성원

존재를 모두 인정하지만, 이전 복음서의 내용까지 그대로 받아들이지는 않는다. 하느님의 최종적인 복음은 무함마드의 계시로 이루어진 《꾸란》으로 집대성되고 완성되었다고 믿는다. 따라서 아담부터 노아, 아브라함, 모세, 예수에 이르는 모든 예언자는 이슬람에서도 인정되며, 무함마드는 마지막 예언자로서 더 이상의 예언자는 오지 않는다고 본다. 이슬람 자료에 따르면 각 시대에 여러 민족에게 보내진 예언자의 총수는 대략 12만 4천 명에 달한다고 한다. 《꾸란》에는 이들 중 25명의 이름이 언급되어 있다.

이슬람과 기독교는 같은 유일신을 믿고 천국과 지옥, 현세와 내세, 최후의 심판일 등에 대한 개념이 크게 다르지 않지만, 구세주를 바라보는 관점이나 구원 방식에서는 큰 차이를 보인다. 기독교에서 예수는 하느님의 독생자로서 인간의 원죄를 대속하기 위해 십자가에서 처형당하고 3일 만에 부활하는 기적을 보여 줌으로써 구세주의 위상을 갖는다. 즉, 예수 그리스도를 통하지 않고서는 구원의 길에 다다를 수 없게 된다. 반면 이슬람에서는 신과 인간의 직접 교통을 강조하며 구원을 위한 어떤 중재자도 허용되지 않는다. 이성과 자율 판단 의지라는 신이 내린 특별한 은총으로 스스로 선악을 구별하여 신이 정한 길을 따른다면 최후의 심판일 구원을 통해 천국에서 영생을 얻는다고 가르친다. 삼위일체설에 근거한 기독교 구원 사상이 아니라, 신자와 절대자 알라 사이의 일차적이고 직접적인 교통과 심판을 통해 천국과 지옥이 나뉜다는 구원관을 갖고 있다.

2.

《꾸란》에도 예수나 마리아에 대한 기록이 있다면서요?

유대교, 기독교, 이슬람교 사이에는 본질적인 이질감이 있음에도 불구하고, 3대 일신교로서 기본적인 유일신 사상을 공유하고 있기에 놀랄 만큼 유사성을 보이기도 한다. 아담의 창조에서 모세에 이르는 기간의 가르침은 세 종교가 기본적으로 같은 맥락을 갖고 있다고 할 수 있다. 유대교에서는 신의 아들이자 메시아 복음 전달자로서의 예수를 부정하는 반면, 이슬람교에서는 예수를 최상의 인격체로 받아들이고 추앙한다. 한 줌의 신성도 지니지 않은 순수한 인간 예언자 혹은 선지자로 받아들이는 것이다. 하지만 이슬람교가 예수 그리스도를 하느님의 아들로서, 즉 신격으로 받아들이지 못하면서 기독교와는 본질적인 길을 달리하게 되었다. 이슬람교에서 무함마드는 예수 이후 나타난 마지막 예언자다. 마지막 예언자는 앞선 복음을 부정하는 것이 아니라 이전의 복음을 완성하고 보완함으로써 최종적인 형태를 갖추게 하고, 최후의 심판일까지 인간 세상을 관장한다고 보고 있다. 이런 관점에서 예수와 무함마드는 신학적으로 동격이며, 차이가 있다면 시대적인 임무와 복음의 포괄성이라 할 수 있다. 일반의 오해와는 달리 이슬람교의 경전인 《꾸란》에는 예수에 대한 특별한 기록이 많이 남아 있다.

첫째, 《꾸란》은 예수의 특별한 탄생에 관한 기록을 담고 있다. 예수 그리스도는 성녀 마리아의 몸에서 남자와의 교접 없이 하느님의 특별한 권능으로 탄생한 사실을 기록하고 있다.

"천사들이 말하길, 마리아여! 하느님께서 너에게 말씀으로 복음을 주시니, 마리아의 아들로서 그의 이름은 메시아 예수이니라. 그는 현세와 내세에서 영광이 있으며, 하느님 가까이 있는 자들 가운데 한 분이니라." 《꾸란》 3장 45절

"마리아가 말하길, 주여! 제가 어찌 아이를 가질 수 있습니까? 어떤 사람도 저를 스치지 아니하였습니다. 그(하느님)가 말하길, 그렇게 되리라. 그분의 뜻이라면, 창조하시니라. 그분이 어떤 일을 하고자 하매, 이렇게 말씀하시도다. 있으라! 그러면 있으리라." 《꾸란》 3장 47절

이에 비해 무함마드의 탄생과 죽음에 대해서는 그 어떤 특별한 언급도 찾을 길이 없다. 그는 탄생 연월일과 사망 연월일이 분명한 역사적 실존 인물일 따름이다.

둘째, 《꾸란》은 예수가 성장한 이후에 하느님의 권능으로 행했던 많은 기적 사실을 생생하고 감동적으로 묘사한다. 놀랍게도 무함마드의 기적에 대한 기록은 《꾸란》에서 찾기 어렵다.

셋째, 물론 종교마다 받아들이는 관점이 다르고, 이슬람 세계에서도 학파마다 다른 견해를 보이지만, 이슬람 종파 다수가 최후의 심판일이 다가올 때 예수가 재림하리라는 것을 믿는다. 이 역시 《꾸란》 구절에 근거한다.

> "실로 예수의 재림은 심판이 다가옴을 예시하는 것이다. 따라서 그 (최후의 심판의) 시간에 대해 의심하지 말고 나를 따르라. 이것만이 올바른 길이니라." 《꾸란》 43장 61절

> "성서의 백성 가운데 임종하기 전에 그(예수)를 믿지 아니한 자 없었으며, 그(예수)가 심판의 날 그들을 위한 증인이 됨을 믿지 아니한 자 없으리라." 《꾸란》 4장 159절

넷째, 《꾸란》에서는 15개 수라(Surah, 장)에 걸쳐 그리고 《꾸

《꾸란》을 낭송하는 모습

란》 전체 6,226절 중 93절에서 예수에 대한 기록을 남기고 있다. 이는 이슬람의 마지막 예언자인 무함마드에 대한 기록보다 훨씬 많은 것이다.

그렇지만 이슬람교에서는 기독교의 세 뿌리인 원죄관, 예수의 십자가 대속 개념, 부활의 기적 등을 모두 부정한다. 이슬람은 인간이 티 한 줌 없는 깨끗한 상태로 태어난다는 원선설(原善說)의 입장을 지니고 있다. 《꾸란》에 따르면, 아담과 이브가 하느님의 계율을 어기고 사탄의 유혹에 빠져 금단의 열매를 따 먹음으로써 큰 죄를 저질렀지만, 이들이 계획적인 음모를 꾸며 범죄를 저지른 것은 아니다. 아담과 이브는 사탄의 유혹에 빠져 이성을 망각한 상태에서 실수로 죄를 저질렀고, 곧 자신들의 죄를 깨닫고 진실로 뉘우치고 회개하는 과정을 거쳤다. 또한 하느님께 진정으로 용서를 빌었고, 하느님은 이들의 죄를 엄히 물으시고 그에 상응하는 죗값을 치르게 하셨다. 이로써 아담과 이브의 죄는 당대에 소멸했다고 이슬람은 해석한다. 따라서 인간의 원죄를 대신 책임질 대속자나 십자가 처형이라는 역사적 사건이 필요하지 않다. 나아가 부활이라는 기적도 요구되지 않는다. 이런 점에서 두 종교는 완전히 다른 가르침을 갖고 있다.

피조물과 달리 알라께서는 인간에게 '이성'이라고 하는 자율 판단 의지를 은총으로 부여하셨다고 본다. 이성이라는 잣대로 알라의 계시가 담긴 《꾸란》과 무함마드의 언행록인 《하디스(Hadith)》나 《순나(Sunnah, 예언자의 길)》에서 밝혀진 해야 할 일과 하지 말아야 할 일을 구분하여 현세에서 열심히 살아가야 한다. 내세에서는 천사가 기록한 선악의 장부와 현세에서 행한 선행과 악행의 무게를 저울로 달아, 선을 많이 행한 자는 천국에 들어감으로써 구원을 얻고, 악을 많이 행한 자는 지옥에 떨어져 영원한 응징을 받는다는 것이다.

3.

어떻게 하루 다섯 번의 예배를 꼬박 지키나요?

무슬림은 하루에 다섯 번씩 예배를 드린다. 예배는 일상에서 신을 생각하고 신의 뜻을 놓치지 않으려는 마음가짐의 의례다. 첫 번째 예배 파즈르(Fazr)는 아침에 해가 뜨기 한 시간 반 전에 일어나서 신을 만나는 행위다. 두 번째 예배 주흐르(Zuhr)는 보통 정오에서 낮 1시 사이에 보고, 세 번째 예배 아스르(Asr)는 오후 3~4시쯤 본다. 네 번째 예배 마그립(Maghrib)은 일몰 예배로 하루가 끝나가는 시각에 드리는 저녁 예배다. 마지막 다섯 번째 밤 예배는 이샤(Isha)라고 불리며 취침 예배에 해당한다. 근처에 모스크가 있다면 그곳에 가서 예배를 드리는 것이 더 의미 있고 편리하겠지만, 대부분 예배는 집이나 사무실에서 드린다. 그리고 여행 중이거나 피치 못할 상황에는 주흐르와 아스르 예배(2~3번째), 마그립과 이샤 예배(4~5번째)를 묶어서 한 번에 드려도 된다. 바깥에 있는 경우 깨끗하고 조용한 곳을 골라 잠시 예배를 드릴 수도 있다. 한 차례의 예배 시간은 5~10분 정도 소요된다. 함께 예배를 볼 때는 옆 사람과 어깨를 맞대고 일렬로 평등하게 줄을 서서 예배를 드린다. 앞줄에 빈 공간이 있으면 새 줄을 만들기보다는 그 공간을 먼저 채워 빈부와 출신, 계층을 초월한 철저한 평등과 형제애를 실현하고자 한다.

이슬람 예배의 또 다른 특징 중 하나는 우두(Wudu)라 불리는 세정 의식이다. 예배를 보기 전에 손발과 얼굴을 씻고 알라 앞에 서기 위한 청결 의식이라 할 수 있다. 예배 전에 손, 입안, 콧속, 얼굴, 팔, 머리, 발을 닦는다. 우두는 하루 다섯 번의 예배를 볼 때마다 하는 것은 아니고, 몸이 더러워졌을 때만 한다. 우두를 하고 모스크 안으로 들어서면 키블라(Qiblah)라고 부르는 메카 방향을 향해 서서 예배를 본다. 모든 신자는 '하느님의 집'이라고 불리는 사우디아라비아의 메카에 있는 카바 신전을 향해 절을 한다. 우선 똑바로 선 채로 두 팔을 배꼽 위에 포개고, 《꾸란》의 주기도문을 외운 다음 허리를 굽혀 무릎 위에 손을 놓았다가 다시 일어서고 바닥에 엎드려 이마와 코가 땅에 닿도록 절하는 행위를 반복한다.

이슬람에서는 금요일이 기독교의 주일에 해당한다. 이날 낮 예배 시간에는 모스크에 모여 합동 예배를 드리는데, 이를 주마(Jumah)라 한다. 주마 예배 때는 이맘(Imām, 예배 인도자)의

예배를 드리는 아이의 모습(출처: Wikimedia Commons)

쿠트바(Khutbah, 강론)가 있는 것이 특징이다. 주마 예배는 단순한 종교적 의미를 넘어 상거래를 하고, 정보를 교환하며, 마을의 현안을 논의하고, 여론이 형성되는 공동체 공론의 장이다. 가난하고 보호받아야 할 신자들이 도움을 받을 수 있는 시공간이기도 하다. 그래서 주마 예배가 시작되면 모스크 일대에는 거대한 시장이 형성되고, 도움을 청하는 사람들이 몰려들고, 숙식이나 정보를 얻고자 하는 여행객들이 달려온다. 모스크가 도심의 중심에 자리하는 이유이기도 하다. 대모스크 주변에는 학교, 도서관, 병원, 숙박 시설, 목욕탕 등이 거의 필수 시설로 들어서고, 거대한 시장인 수크(Suq, 아랍 지역)나 바자르(Bazaar, 튀르키예, 이란 지역)가 형성되는 것이 일반적이다.

무슬림은 매일 5차례의 예배를 통해 항상 신을 생각하며 일상을 신과 함께 보내는 셈이다. 죄를 짓고 용서를 구하는 삶의 방식이 아니라, 신의 보호와 울타리 내에서 잘못된 길로 들어서지 않도록 하는 자신과의 약속 의례다. 참으로 놀라운 것은 지금 인류가 21세기 초스피드 최첨단 시대를 살아가고 있는데, 7세기에 만들어진 '하루 다섯 번의 예배 의례'라는 규범이 1,400년이 훨씬 지난 오늘날까지도 고스란히 지켜지고 있다는 사실이다. 시대가 변하면 종교 의례도 재해석하여 변하는 것이 일반적인데, 한 달간 단식도 마찬가지지만 예배 의례를 줄이자는 논의 역시 이슬람 세계 어느 곳에서도 찾아보기 어렵다.

4.

라마단

한 달간 왜 단식을 하고 어떻게 굶나요?

라마단(Ramadan) 기간 중의 단식은 이슬람의 5대 의무 중 하나다. 라마단이라 불리는 이슬람력 9월 한 달간 모든 무슬림은 해가 뜰 때부터 해가 질 때까지 아무것도 먹고 마시지 아니하면서 자신을 인내하고 정화한다. 해가 떠 있는 동안에는 물 한 모금도 마시지 않으며 철저히 금식하지만, 해가 뜨기 전 일찍 일어나서 음식을 만들어 먹고 해가 진 뒤에는 충분한 식사를 할 수 있다. 사실 점심 한 끼 굶는 셈이지만, 더운 날씨에 물까지 마시지 못하니 그 고통은 매우 크다.

라마단에는 이른 새벽에 일어나서 음식을 준비하고 미리 식사한다. 《꾸란》에서는 "흰 실과 검은 실이 구분되는 시점부터 단식을 시작하라"라고 가르치고 있으니, 사실상 해가 뜨기 훨씬 이전의 여명기부터 단식을 시작하는 것이 일반적이다. 낮 동안 단식을 하고 해가 지는 일몰을 알리는 아잔(Azan, 예배 시각을 알리는 낭송) 소리와 함께 하루의 단식이 끝난다. 우선 가벼운 음료로 입을 적시고, 대추야자나 가벼운 죽을 먹고, 저녁 예배를 마친 후 밤늦도록 정찬을 즐긴다. 정찬 후에는 타라위흐(Tarawih) 예배라 불리는 단식 특별 예배를 드리면서 종교적 열정을 불태운다.

단식의 종교적 의미는 절제와 나눔이다. 함께 살아가는 공동체 구성원들이 부자이건, 가난하건, 권력자이건, 평범한 시민이건 모두가 똑같은 조건에서 하느님이 명하신 고통을 직접 체험하는 기회를 얻는 것이다. 함께 굶고 함께 나누는 과정을 겪으며 말이 아닌 일차적인 실천과 경험을 통해 억울한 자, 가난한 자, 빼앗긴 자의 고통과 소외와 배고픔을 직접 느낀다. 라마단 단식을 통해 신자들은 더 공평하고 더 공정한 사회를 꿈꾸고 실천해 나가려 한다. 실제로 라마단 단식이 끝난 후에 많은 사람이 자신보다 더 어려운 사람들을 위해 기꺼이 기부(자카트)하고 선행에 집중하는 현실은 이러한 취지를 잘 대변해 준다.

고통과 인내가 따르는 라마단 단식은 모든 무슬림이 꼭 그 시간에 지켜야 하는 절대 의무는 아니다. 14세 이하 아이들과 자기 행위에 책임을 질 수 없는 지적 장애인, 노약자, 단식하면 건강이 악화되는 환자, 장거리 여행자, 임산부와 수유기 산모, 생리 중인 여인에게는 모든 조건이 정상화될 때까지 단식

라마단 금식 이후 만찬을 즐기는 모습

수행이 연기된다. 또한 단식을 거행하다가 무심코 위반한 경우, 자기가 하는 행위가 잘못된 것임을 깨닫는 순간 행위를 멈추면 단식은 그대로 유효하다. 물론 고의로 먹거나 마시거나 흡연하거나 성적 접촉을 하면 그날의 단식은 무효가 된다. 여러 이유로 단식을 못 할 상황이 생기면, 라마단 달이 끝난 후에 자신이 편한 날을 잡아 부족한 날만큼 채우면 된다. 이처럼 이슬람은 엄격한 의무 규정을 두는 한편, 여러 가지 편의 규정도 동시에 가진 것이 특징이다.

한 달간의 단식이 끝나면 최대 종교 축제인 '이드 알피트르(Eid al-Fitr)'에 돌입한다. 우리의 추석과 비슷한 명절이다. 단식이 끝나는 날 아침 일찍 목욕하고 깨끗한 옷으로 갈아입은 다음, 모스크에 모여 축제 예배를 드린다. 예배 후에는 가족 단위로 모여 맛있는 음식을 차려 놓고 함께 인사를 나누고 신의 은총에 감사드린다. 그러고 나서 친척 집과 이웃집을 방문해서 선물을 교환하고 따뜻한 정을 나눈다. 모스크 뒤뜰이나 도심 공동묘지에 안장된 조상들의 묘를 찾아 성묘하고 기도를 드리기도 한다. 단식의 고통을 절절히 경험한 무슬림들은 축제가 시작되면 자신의 수입 일부를 피트라(Fitra)라는 희사금으로 자선단체나 재단에 기부하는(와크프, Waqf) 아름다운 전통이 있다.

5.

종교세와 희사금

자카트와 사다카

이슬람의 네 번째 의무는 자카트라는 세금을 내는 것이다. 자기 수입의 일부를 세금으로 내서 가난한 자의 복지 개선, 소득 재분배, 사회적 소외 계층 지원을 통해 더 공정한 공동체를 이루자는 종교적 목표이다. 수입의 2.5%를 자카트로 내게 되어 있지만, 최저 생계비도 벌지 못하고 도리어 세금의 혜택을 받아야 할 서민들에게 세금을 부과하는 것은 공정하지 못하다. 그래서 이슬람 율법학자들은 최저 생계비를 제외한 순수입의 2.5%를 자카트 액수로 보는 것이 합리적이라고 말한다. 순수입의 1/40 수준이니 가계에서 차지하는 비중은 크지 않으나, 이 액수로 서민 복지나 소득 재분배라는 사회적 목표를 달성하기는 어렵다. 그래서 무슬림은 공동체를 위해 더 많은 액수의 사다카(Sadaqah)를 낸다. 이는 그야말로 소득이나 수입에 상관없이 자발적으로 내는 순수 희사나 기부금이다.

모로코 이드리스 모스크 벽면에 있는 자카트 모금함. 중앙에 동전을 넣는 곳이 보인다.
(출처: Wikimedia Commons)

이슬람 국가에서는 자카트와 사다카를 관리하는 와크프(Waqf)라는 재단 제도가 잘 발달해 있다. 자카트나 기부금을 체계적으로 관리 운영하면서 정부 조직과는 별도로 대중을 위한 복지, 장학, 위생, 생활개선 사업을 한다. 재원 규모도 엄청나다. 전쟁이나 혼란 등으로 정부 기능이 작동하지 못할 때 모스크 단위나 마을마다 설립되어 있는 와크프가 기능함으로써 공동체 붕괴를 막고 최소한의 삶을 유지한다. 오늘날 와크프는 많은 이슬람 국가에서 종교성이나 종교청으로 흡수되어 공식 기구로서의 역할을 다하고 있다.

6.
메카 성지 순례에는 매년 얼마나 많은 사람이 모이나요?

이슬람 신자들은 평생에 한 번은 성지가 있는 사우디아라비아의 메카를 순례한다. 하즈(Hajj)라고 하는 순례는 《꾸란》에 언급된 신자들의 마지막 의무다. 매년 이슬람 신자 300만 명 이상이 세계 각지에서 메카로 와서 자신의 신앙을 갈고닦는다. 메카에는 검은색 비단으로 둘러싸인 카바(Kabah)라고 하는 정육면체의 신전이 있다. 이곳은 원래 이슬람 이전에 우상을 모시던 신전이었는데, 예언자 무함마드가 우상들을 부수고 이곳을 바이트 알라(Bait Allah), 즉 '하느님의 집'으로 바꾸었다. 그래서 이곳은 이슬람 신자들이 평생에 한 번 하느님의 집을 방문해서 하느님을 만난다는 남다른 의미를 지닌다. 카바 신전을 일곱 번 돌고, 그 옆의 마르와(Marwah) 동산과 사파(Safa) 동산을 걷고 뛰면서 일곱 번 왕복하고, 아라파트 지역에 머물면서 정해진 순서대로 의식을 하는 것이 바로 무슬림들의 성

메카 성지 순례 모습(출처: Wikimedia Commons)

지 순례다.

순례는 재정적, 정신적, 신체적으로 능력이 있는 무슬림에 한해서 일생에 한 번 이상 하는 것이 의무로 되어 있다. 돈이 없거나 건강이 나빠서 순례를 못 하는 신자들은 다른 선행을 많이 해서 이 의무를 채울 수 있다. 순례는 인종, 국경, 신분 등의 차이를 떠나 전 세계의 모든 무슬림 신도가 한곳에 모인다는 점에서 가장 큰 신앙 집회이며, 정보를 나누는 장이기도 하다. 성지 순례에 나선 무슬림들은 젊은 사람이건 나이 든 사람이건, 잘살건 못살건, 창조주이신 하느님의 부름에 응하여 같은 모양과 색깔의 성지 순례 옷을 입는다. 이를 이흐람(Ihram)이라고 부른다. 같은 모양의 옷을 입음으로써 모두가 하나라는 형제애를 느끼게 된다. 또 죄악으로부터 영혼을 깨끗이 하고 자신의 영혼이 다음 세상에서 하느님의 은혜를 받을 준비를 하는 것이기도 하다. 순례를 마친 사람은 하지(Haji)라는 칭호가 붙고 공동체 내에서 큰 존경의 대상이 된다.

코로나19 팬데믹이 지구촌을 강타하자 사우디아라비아 정부는 2019년부터 부득이하게 순례를 일시적으로 중지했다. 그로 인해 절대적 종교 의무를 행할 수 없게 된 많은 무슬림이 심리적 패닉 상태를 경험했다. 그리하여 사우디 정부는 팬데믹 기간에도 순례를 제한적으로 허용해 종교적 의무의 길을 열어 두었다.

이흐람을 입고 성지 순례를 하는 무슬림들

라마단 단식 직후의 축제인 이드 알피트르와 마찬가지로 성지 순례를 마친 직후에는 '이드 알아드하(Eid al-Adha)'라는 대규모 축제를 일주일가량 즐긴다. 양이나 낙타, 소 등 동물을 희생하는 전통 때문에 흔히 희생제로 더 잘 알려져 있다. 이는 구약 시기 아브라함이 자기 아들을 번제로 바치라는 신의 명령을 지키기 위해 아들을 희생시키려 했을 때, 그의 신앙을 확인한 신이 아들 대신 어린 양을 희생시키도록 했다는 고사에서 비롯되었다. 물론 《구약》에서는 아브라함의 희생 대상 아들이 이삭이지만, 《꾸란》에서는 이스마일이 등장한다. 기독교에서는 적자 개념을, 이슬람에서는 장자 개념을 내세우고 있다. 이드 알아드하 축제가 시작되면 개인이나 가족 단위로 동물을 희생하여 그 고기를 삼등분한 후 가난한 이웃과 자선단체에 나누어 준다. 공동체 나눔의 실천이다.

02

아랍의 생활 문화

A R A B

1.

우리도 모르게 쓰고 있는 아랍어

"나는 오늘 한국 패션의 메카 동대문 쇼핑몰에 갔다. 쇼핑 후 카페에 들러 더위에 지친 몸을 달래기 위해 시원한 아이스커피를 주문한 뒤 달콤한 슈거 시럽을 넣어 마셨다. 집으로 돌아가는 길에 서점에서 아프리카 사파리 여행 관련 매거진을 샀다. 집에 도착한 후 코로나19 예방을 위해 알코올로 손을 깨끗이 소독했다."

위의 글은 우리가 흔히 쓸 수 있는 한국어 표현으로, 전혀 어색하지 않다. 그런데 곰곰이 살펴보면 아랍어에서 기원한 단어가 메카, 커피, 슈거, 시럽, 사파리, 매거진, 알코올 등 무려 7개나 사용되었다.

메카(Mecca)는 원래 아라비아반도에 있는 도시로, 이슬람의 발생지이자 무슬림들이 매년 성지 순례를 하는 곳이다. 그런데 이 낱말은 어느새 우리 사회에서 '중심지'를 뜻하는 보통 명사로 사용되고 있다. 국립국어원에서 발간한 《표준국어대사전》에서는 메카를 "어떤 분야의 중심이 되어 사람들의 동경 또는 숭배의 대상이 되는 곳"이라고 설명하고 있으며, 예문으로 "그곳은 전자 산업의 메카이다"라고 적어 놓았다.

바쁜 현대 한국인의 일상생활에서 절대 빠질 수 없는 음료로 사랑받는 커피(Coffee)는 아랍어 '까흐와(Qahwa)'에서 유래한 낱말이다. 역사적으로 커피의 원산지는 아프리카 동부에 있는 에티오피아와 아라비아 서남부에 있는 예멘으로 알려져 있다. 사람들이 커피를 일상적인 음료로 마시기 시작한 것은 14세기 이후 예멘에서부터였던 것으로 추정된다. 우리가 잘 알고 있는 커피 종류 중 모카(Mocha)는 예멘에 있는 한 지역의 이름이다. 16세기 이후 커피는 이슬람 루트를 따라 메카, 오스만 튀르크, 인도, 동남아시아, 중앙아시아 등으로 급속히 확산하였다. 그리고 17세기 커피는 다시 영국, 프랑스, 네덜란드 등 유럽으로 전파되어 세계인의 음료로 자리 잡기 시작했다. 이 과정에서 커피를 가리키는 아랍어 '까흐와'는 튀르크어로 카흐베(Kahve)라고 불렸고, 유럽에서는 네덜란드어로 코피(Koffie), 프랑스어로는 카페(Café), 영어로는 커피(Coffee) 등으로 불렸다.

설탕을 뜻하는 영어 단어 슈거(Sugar)는 페르시아어 '세케르

아랍어 캘리그래피(출처: Wikimedia Commons)

(Sheker)' 또는 아랍어 '수카르(Sukkar)'에서 유래한 것으로 알려져 있다. 중세 시기에 사탕수수의 경작과 설탕 정제 방법이 이집트와 북아프리카에 전해졌고, 이후 이슬람 치하의 스페인으로, 그리고 다시 대서양을 건너 신대륙으로 전해졌기 때문이다.

한편, 즙에 설탕을 섞은 시럽(Syrup)은 음료수를 뜻하는 아랍어 '샤라브(Sharab)'에서 기원한 것으로 알려져 있다. 그 밖에 잡지를 뜻하는 영어 낱말 매거진(Magazine)은 창고를 가리키는 아랍어 단어 '마크잔(Makhzan)'의 복수형인 '마카진(Makhazin)'에서 나왔다. 여러 물건을 창고에 모아 놓듯이 다양한 분야의 글을 모아 두었다는 의미에서 매거진이란 단어가 사용된 것으로 보인다. 또한 야생동물을 관찰하기 위한 여행을 가리키는 낱말인 사파리(Safari)는 동아프리카에서 널리 통용되는 스와힐리어에서 나온 단어인데, 이는 원래 여행을 뜻하는 아랍어 '사파르(Safar)'에서 유래한 것이다.

알코올(Alcohol)은 아랍어 '알쿠훌(Al-Kuhul)'에서 유래했는데, 이 단어는 미세한 입자를 뜻하는 아랍어 낱말 '쿠훌(Kuhul)'과 정관사 '알(al)'이 결합된 것이다. 중세 시기에 무슬림 연금술사와 의사들은 증류기를 사용하여 술에 열을 가한 후 알코올을 추출하는 방법을 최초로 고안한 것으로 알려져 있다.

중세 시기에 이슬람 세계는 철학, 과학, 의학, 천문학 등에서 세계 최고 수준에 달했고, 12세기 이후 유럽인들은 선진 이슬람 학문을 배우기 위해 아랍어로 저술된 서적을 라틴어로 번역하기 시작했다. 그 결과 서양의 과학 용어 가운데는 아랍어에서 유래한 낱말이 많은데, 그 예로 대수학을 뜻하는 알지브라(Algebra)와 알칼리(Alkali)를 들 수 있다. 또한 현대 천문학에서 사용하고 있는 별 이름 가운데 알데바란(Aldebaran), 알페라츠(Alpheratz), 알타이르(Altair), 알골(Algol) 등도 모두 아랍어에서 유래했다. 이 같은 용어들은 알(Al)로 시작하는 경우가 많은데, 이는 아랍어의 정관사 '알(Al)'이 붙은 낱말에서 유래했기 때문이다.

2.
예멘 모카 커피의 향미에 빠져들다

우리가 하루에도 몇 잔씩 마시는 커피는 아라비아반도에 위치한 예멘의 항구 도시 모카에서 시작되었다. 전설에 따르면, 커피의 원산지는 에티오피아 카파(Kaffa) 지역으로 알려져 있으나 정확한 사료나 증거를 통해 확인할 수는 없다. 현대까지 이어진 커피 문화는 아라비아반도를 거쳐 지중해 연안으로 퍼져 나갔고, 16세기 중반 튀르키예에서 유럽으로, 근대에 이르러 중남미까지 전해져 본격적으로 재배되며 현재에 이르렀다.

일부 역사가들은 7세기에 아라비아반도로 커피가 유입되었다고 믿는다. 기록에 따르면, 15세기 중반 예멘의 수피 수도원에서 수피들이 주로 밤을 지새우며 예배를 드리기 위해 커피를 마셨다고 한다. 따라서 커피를 재배하는 사람들 역시 대체로 수피들이었다. 15세기 예멘에서 커피의 대중화가 시작된 것이라 볼 수 있다. 또한 1511년에는 메카에서도 커피를 마셨다는 기록이 남아 있다.

중동 지역의 커피를 이야기할 때는 크게 튀르키예식 커피와 베두인식 커피로 구분할 수 있다. 물론 지역에 따라 커피를 우리거나 마시는 방법에 차이가 있으며, 현재는 개인 기호에 따라 다양한 커피 스타일을 쉽게 접할 수 있다.

일반적으로 베두인식이라고 이야기하는 아랍식 커피는 커피콩을 가볍게 볶아서 갈아 낸 후 찻잔에 담아 물을 부어 우린다. 보통 거름망에 커피 가루를 넣고 물을 부어서 내려 마시거나 뜨거운 스팀으로 순식간에 커피를 뽑아내는 우리의 커피 추출 방식과는 다소 다르다.

또한 커피잔이 매우 작다. 우리나라로 치면 소주잔 크기 정도의 찻잔에 커피를 내기 때문에 한 번에 마실 수 있는 커피의 양도 적다. 따라서 접대하는 사람이나 아랍 전통식 카페의 종업원은 손님이 거절 의사를 밝힐 때까지 커피를 반복해서 따른다.

커피를 끓일 때 커피 가루만 넣는 경우도 있고, 시원하고 독특한 향을 가미하는 카다멈(Cardamom)을 함께 넣어 우리기도 한다. 일반적으로 설탕을 넣지 않고 먹지만 취향에 따라 설탕을 첨가할 수도 있다. 쓴맛이 나기 때문에 단맛이 강한 디저트와 함께 마시는 것이 일반적이다. 대표적인 디저트로는 대추야

아랍의 노천 카페

자, 할와(Halwa)라고 하는 단맛이 아주 강한 작은 과자가 있다.

1554년에는 세계 최초의 카페가 이스탄불에 문을 열었다. 당시 전성기를 구가하던 오스만 제국의 수도였던 이스탄불에서는 600개가 넘는 카페가 성업을 이루었다고 한다. 오스만 제국을 방문한 유럽인들은 커피의 매력에 빠지게 되었고, 본국으로 돌아가서도 커피 사랑은 계속되었다. 커피는 가장 인기 있는 음료이자, 특권층이 누리는 값비싼 기호식품이기도 하였다.

커피와 함께 아랍 세계의 가장 중요한 문화가 바로 카페이다. 사람들이 모여 공간을 공유하고 그 속에서 커피를 마시며 담소를 나누는 카페는 아랍에서 시작된 공간이다. 전통적으로 아랍 세계의 카페는 남자들이 모여 게임을 즐기거나, 시샤(Shisha)라고 부르는 물담배를 피우며 사교를 위해 모이는 장소였다. 또한 전문적인 이야기꾼이 상주하면서 다양한 이야기를 들려주고 사람들은 그 이야기를 들으면서 시간을 보내는 공간이기도 했다.

이처럼 아랍의 커피와 카페 문화는 아랍, 이슬람 문화와 뗄 수 없는 것이다. 사람들의 마음을 달래 주고 시간을 보내는 데 함께한 음료였고, 사람들과 소통할 수 있는 창구가 되기도 했다. 아랍 세계에서의 커피와 카페의 역할은 현재 우리의 문화에서와 크게 다르지 않은 듯하다.

3.
왜 아랍 국기에는 별과 초승달이 그려졌나요?

이슬람력은 철저한 태음력이다. 달의 주기와 움직임을 그 기본으로 한다. 그래서 1년의 길이가 약 354일이다. 1년이 365일인 태양력에 비해 매년 11일씩 짧아진다. 33년이 지나면 1년씩 차이가 나게 된다. 지금도 철저히 달의 움직임에 따라 삶의 주기가 형성된다.

전통적인 중동의 유목하는 삶에서도 달과 별은 매우 중요했다. 교역이 절대적인 상황에서 목숨을 걸고 기나긴 여행을 떠났던 카라반(대상)들은 뜨거운 낮보다는 밤을 선호했다. 캄캄한 밤중에 달이나 별자리를 보고 방향을 잡아 목적지로 향했다. 천문학이 발달하고 첨단 망원경이 발명되기 이전까지 많은 별자리 이름이 아랍어에서 유래된 배경일 것이다. 오늘날 유럽 학문 전통으로 뿌리를 내린 천문학을 뜻하는 단어

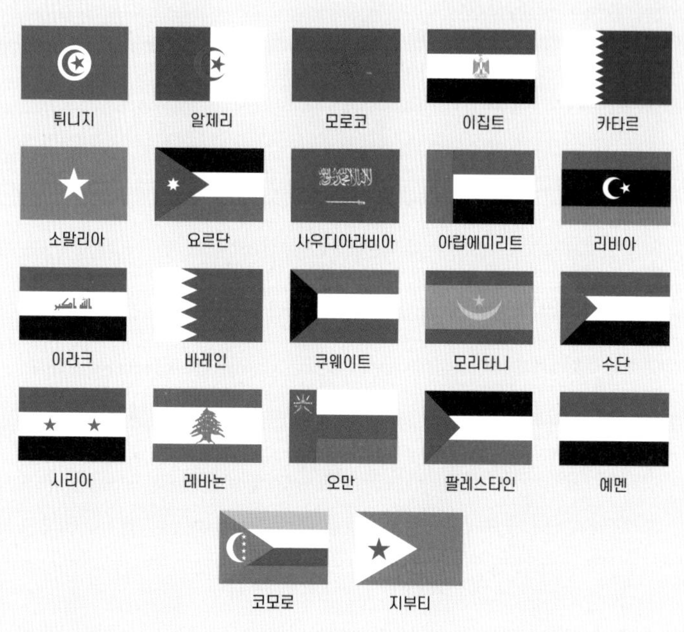
튀니지
알제리
모로코
이집트
카타르
소말리아
요르단
사우디아라비아
아랍에미리트
리비아
이라크
바레인
쿠웨이트
모리타니
수단
시리아
레바논
오만
팔레스타인
예멘
코모로
지부티

아랍 국가들의 국기

'Astronomy'의 어원 자체는 '별들의 법칙'이란 의미의 그리스어에서 출발했지만, 그 학문을 계승하여 더욱 발전시킨 자들은 무슬림 학자였다. 그리고 오늘날 국제적으로 사용되는 별 이름 가운데는 아랍어에서 유래한 것이 상당수 남아 있다.

그런데 왜 초승달일까? 초승달은 모든 것의 새로운 시작을 의미한다. 이슬람 전승에 따르면, 예언자 무함마드가 알라로부터 첫 계시를 받았던 때가 라마단 달 첫날 초승달이 떴던 날이라고 한다. 초승달은 새로운 메시지, 새로운 세상을 여는 상징으로 모든 무슬림에게 특별한 의미가 있었다. 그래서 모스크의 돔이나 첨탑 꼭대기에도 이슬람의 상징으로 달과 별이 장식된 것이다.

대부분의 이슬람 국가들이 서구 식민지에서 벗어나 새로운 국민국가를 창설하고 국기를 제정할 때 초승달과 별을 상징으로 채택한 것은 어쩌면 당연한 결과일 것이다. 달을 중심으로 하는 삶은 원래 이슬람이 뿌리를 내린 서아시아 메소포타미아의 오랜 전통적 일상의 방식이었다. 태음력 중심의 삶은 이슬람 시기 이후 오늘날까지도 면면히 영향을 끼쳐 낮잠 자는 시에스타 문화와 밤새워 먹고 마시는 파티와 축제를 즐기는 밤 문화로 남아 있다.

4.
할랄과 하람이 무엇인가요?
먹으면 큰일 나는 것이 있나요?

최근 국내외 많은 기업의 이목이 이슬람권의 할랄(Halal) 산업 시장에 쏠리고 있다. 그리고 국내의 식품기업들이 할랄 라면이나 과자를 만들어 이슬람권에 수출한다는 뉴스가 종종 보도되기도 한다. 이 같은 이유 때문인지 많은 사람이 '할랄'이란 개념을 간단히 이슬람식 음식 정도로 이해하는 경우가 많다. 하지만 할랄은 이슬람법인 샤리아(Sharia)에 따라 '허용되는' 행동이나 사물을 일컫는다. 즉, 할랄이란 종교적으로 바람직하다고 판단되어 허용되는 행동으로, 그 개념은 음식뿐만 아니라 상거래, 금융, 서비스, 관광, 화장품, 의복, 패션 등 다양한 분야에도 두루 적용될 수 있다.

먼저 음식과 관련하여 돼지, 알코올, 피를 재료로 사용한 것은 무슬림들에게 하람(Haram), 즉 '금지된 것'으로 간주된다. 따라서 이것들을 제외한 양, 소, 낙타, 물고기, 채소 등은 모두 할랄에 속한다. 하지만 양, 소, 낙타 등과 같은 육류가 완전히 할랄로 인정받으려면 반드시 이슬람식 도축 의식을 거쳐야만 한다.

이슬람식 도축 의식은 다비하(Dhabiha)라고 불리는데, 도살 방식에서 생명 존중이라는 영성 의례 과정을 거친다. 첫째, 동물을 도살할 때 한 생명을 앗아가는 일이기에 신의 허락을 받아 신의 이름으로 잡는다. 살아 있는 동물에게 "비스밀라(Bismillah, 알라의 이름으로)"라는 종교적 언사를 표현하여 신에 대한 경외와 동물의 생명에 대한 존중의 마음을 나타내야 한다. 인간을 위한 탐욕의 대상으로 한 생명을 의미 없이 죽이지 않도록 한다. 둘째, 고통을 최소화하는 방식으로 도살한다. 동물의 머리가 메카 방향을 향하도록 한 후 예리한 칼로 단번에 목의 경동맥을 절단함으로써 최대한 고통 없이 빨리 숨을 거두도록 해야 한다. 셋째, 피는 부패하기 쉬울 뿐만 아니라 생명의 상징이기 때문에 먹지 않는다. 도살한 이후에는 몸속의 피를 되도록 많이 뽑아내고 고기만 취한다. 당연히 선지도 먹지 않는다. 넷째, 고기와 가죽, 털을 깔끔하게 해체하고 정리하여 완전한 순환을 이룬다. 털과 가죽을 손상 없이 잘 수습하여 자선단체에 희사해 힘들고 버림받은 약자의 삶에 도움을 준다. 생명을 희생시킨 대가로 사회적 소득 재분배에 기여하게 하는 것이다.

할랄 고기를 파는 영국의 정육점

할랄 도살의 또 다른 특징은 해피 애니멀(Happy animal) 개념의 강조다. 우리에 가두어 고통을 주면서 키운 동물은 할랄에서 멀어진다. 한마디로 할랄 식품은 청정과 영성을 갖춘 신뢰의 식품이라는 강점이 있다. 현재 유럽이나 심지어 우리나라에서조차 할랄 식품 소비자 중 무슬림보다 비무슬림 일반인이 더 많다는 통계는 시사하는 바가 매우 크다.

채소, 과일, 곡식 등 식물성 음식 재료는 모두 기본적으로 할랄이며, 동물처럼 특별한 의식을 치를 필요 없이 자연 상태 그대로 먹을 수 있다. 하지만 최근에는 할랄 인증을 받은 김치, 쌀, 김 등과 같은 제품이 생산되고 있는데, 그 이유는 사용된 음식 재료가 산업 제품으로 가공되었기 때문이다. 즉, 식물성 재료 자체는 할랄이라고 하더라도 제조 과정 중에 첨가되는 색소, 조미료, 효소 등이 하람일 수 있으며, 하람 원료를 사용한 세척제, 포장지, 고무장갑 등에 노출될 우려가 있기 때문이다. 재료, 첨가제, 공정 등을 꼼꼼히 조사한 후 하람적 요소가 전혀 발견되지 않아야 비로소 할랄 제품으로 인증받을 수 있다.

이 외에도 바다에서 생산되는 모든 먹거리는 종교적으로 할랄 음식이기 때문에 자유로이 식용할 수 있다. 다만 연체동물, 비늘 없는 생선, 갑각류 등은 종교적 금기가 아니라 유목 사회가 갖는 문화적 혐오 때문에 잘 먹지 않는다.

돼지고기 식용은 《꾸란》에 명백히 금지되어 있기에 하람이다. 그 배경은 두 가지로 설명할 수 있는데, 우선 이슬람 율법학자들은 돼지가 품성이 게으르고 고기에 지방질과 병원균이 많아서 자연조건에서도 건조되지 않고 부패해 버리는 나쁜 고기라는 인식을 강조한다. 또한 생태인류학에서도 서아시아 유목 지역에서의 돼지고기 금기는 자명하다. 사육 동물의 의식주 동반자 기여도, 유목사회에서의 이동과 수송 기능, 전쟁 보조 기능 등을 고려했을 때 돼지는 전혀 고려 대상이 될 수 없는 것이다. 이동과 수송에 대한 역할이 전혀 없고, 결정적으로 인간에게 잉여 젖을 제공하지 못하므로 치즈, 요구르트, 유당, 젖술 같은 소중한 유제품 음식 문화가 날아가 버리는 것이다. 고기 부패 속도도 매우 빨라 오래 보관할 수도 없다. 그래서 돼지고기 금기는 우리가 존중해 주어야 할 무슬림 금기 음식 문화다.

한편 할랄과 관련하여 유념해야 할 바는 그것이 최근 이슬람 사회에서 새로운 소비 트렌드로 정착되어 가고 있을 뿐만 아니라, 그 개념이 적용되는 산업 분야가 다각화되고 있다는 점이다. 과거에도 무슬림에게는 자신들이 먹고, 마시고, 소비하는 제품이 할랄이어야 한다는 의식이 있었다. 하지만 최근 할랄이 산업 제품화되는 과정에서 소비자들은 원료 조달, 생산 공정, 운송, 보관, 판매 등 모든 과정에서 할랄 규정이 제대로 적용되었는지에 관심을 두게 되었다. 그 결과 할랄 인증 로고가 찍힌 제품을 우선시하는 소비자층이 계속 증가하는 추세다.

최근 할랄 개념이 적용되는 산업군은 식품을 포함하여 금융, 의복 및 패션, 화장품, 의약품, 미디어, 관광 등 7개 분야로 확대되었다. 이슬람 금융 산업은 하람으로 간주되는 이자 없이 금융 거래하는 시스템을 구축하는 과정에서 발전했다. 할랄 화장품과 의약품의 경우는 돼지와 알코올로부터 추출한 원료를 먹는 것은 물론, 피부에 바르는 것도 하람으로 간주되기에 그것을 대체한 원료를 개발하는 과정에서 발전했다. 한편 의복 및 패션과 미디어는 무슬림들이 생활 윤리 규범에 어긋나지 않으면서도 현대인의 정서에 부합하는 패션과 문화 콘텐츠를 즐기고자 하는 과정에서 할랄 산업의 한 분야로 성장하고 있다.

이슬람식 여행 및 관광 분야 역시 주목할 만하다. 종교적 가치에 민감한 무슬림은 해외여행을 떠날 때마다 자기가 이용하는 비행기에서 할랄 음식이 제공되는지, 투숙하는 호텔 객실에 혹여나 알코올음료가 있지는 않은지, 관광지나 쇼핑몰에 예배를 드릴 수 있는 시설이나 서비스가 구비되어 있는지 등을 일일이 점검하는 번거로움을 감수해야 한다. 이 같은 배경에서 최근 해외에서는 무슬림에게 적합한 종교적 서비스를 여행 및 관광 상품으로 제공하는 할랄 여행산업이 증가하고 있다. 최근 동남아시아와 중동 지역에서 한류가 유행하면서 우리나라를 방문하는 무슬림 관광객 수가 늘고 있다. 이 같은 점에서 무슬림이 종교적으로 금기시하는 것이 무엇이고, 그들이 선호하는 할랄 서비스가 무엇인지 파악하는 것이 중요하다.

5.
최고의 아랍 요리, 낙타 바비큐

이슬람 음식을 가장 잘 느껴 볼 수 있는 기간은 명절인 '이드 알피트르'와 '이드 알아드하(희생제)' 양대 축제 기간이다. 맛있는 빵과 요구르트는 물론, 양고기나 소고기, 닭고기 등을 긴 꼬치에 꿰어서 구워 낸 요리인 케밥을 중심으로 각종 육류 요리가 있고, 우유와 말린 과일을 이용해 푸딩도 만들어 먹는다.

아랍 일부 지역에서는 아주 특별한 경우 낙타 바비큐를 만들어 즐긴다. 귀한 손님이 왔을 때도 낙타 바비큐를 요리해서 대접한다. 낙타 바비큐는 만드는 방법이 특이하다. 일단 낙타를 잡아 내장을 꺼내고 그 속에 양을 넣는다. 다시 양의 배 속에 칠면조를 넣고, 칠면조의 배 속에 닭을 넣는다. 그리고 닭의 배 속에 건포도, 건살구, 아몬드, 수수, 녹두, 갖은 양념과 향료를 넣어 간을 맞춘 다음 긴 쇠막대에 걸어 둔다. 숯불 같은 불에 거의 10시간 이상을 천천히 돌리며 익혀 바비큐를 만

도네르 케밥

낙타 고기로 만든 음식(출처: Wikimedia Commons)

든다. 불꽃이 없어 타지 않고, 서서히 익어 양념이 골고루 배고, 기름기는 땅에 떨어져 담백하고 맛있는 요리로 완성된다. 다 구운 다음에는 세로로 잘라 접시 맨 바깥쪽에는 낙타 고기, 중간에는 양고기, 가운데에는 칠면조와 닭고기, 그리고 수수와 콩으로 범벅된 밥 몇 숟가락을 얹어 주는데 이것이 아랍 최고의 명절 음식이다.

6.

이슬람의 양대 축제

이드 알피트르와 이드 알아드하

이드 알피트르와 이드 알아드하는 전 세계 무슬림이 즐기는 가장 대표적인 종교 축제이다. 아랍어로 이드(Eid)는 '축제'를, 피트르(Fitr)는 '단식을 깨고 식사한다'라는 의미로, 이드 알피트르는 약 한 달간의 라마단 단식 기간이 끝난 후 이를 축하하는 축제이다. 아드하(Adha)는 '희생 제물을 바친다'라는 뜻으로, 이드 알아드하는 메카로의 성지 순례를 마치고 동물을 희생하여 제물로 바치는 축제이다.

이드 알피트르는 흔히 '소(小)축제(Al-Eid Al-Saghir)'라고 불리는데, 라마단 단식이 끝난 후 약 닷새 동안 진행된다. 라마단은 헤지라력(hegira曆)으로 9번째 달을 가리키며, 이 한 달 동안 무슬림들은 낮에는 먹을 것은 물론 마실 것도 일절 금하는 단식을 한다. 단식을 통해 가난하고 배고픈 자의 아픔과 고통을 몸소 체험하며, 무슬림 공동체 일원으로서의 동질감을 느낀다.

그리고 라마단 단식 기간이 끝나고 맞이하는 이슬람력 10번째 달인 샤우왈(Shawwal) 첫째 날에 이드 알피트르가 시작된다.

이드 알피트르 축제를 맞이하여 무슬림들은 모스크나 넓은 광장 또는 홀에서 특별 예배를 드린다. 그리고 라마단 기간에 행했던 단식의 종교적 의미를 되새기며 서먹하거나 불편한 관계에 있던 사람과 화해하기도 한다. 축제 기간에 사람들은 아랍어로 "이드 무바라크(Eid Mubarak)"라는 인사말을 건네는데, 이는 "축복받은 축제입니다"라는 의미다. 남녀노소 가릴 것 없이 새로 장만한 의상을 입고, 가족과 친지가 함께 모여 맛있는 음식을 나누어 먹는다. 또한 아이들은 동네를 돌면서 집마다 문을 두드리고 축제 인사를 드린다. 이때 어른들은 용돈이나 선물, 사탕을 주면서 그들의 앞날을 축원해 준다. 아라비아반도 동부 지역에서는 아이들이 천으로 만든 자루를 들고 작은 무리를 지어 동네를 돌며 이웃집 앞에서 신의 축복을 기원하는 노래를 부른다. 이때 집주인은 답례로 자루에 견과나 사탕을 담아 준다.

이드 알아드하는 흔히 '대(大)축제(Al-Eid Al-Kabir)'라고 불리며, 순례가 끝나는 날에 시작하여 약 나흘 동안 진행된다. 공식적인 순례는 하즈라고 하는데, 헤지라력으로 12번째 달인 두 알힛자(Dhu al-Hijja) 초에 이슬람의 성지 메카를 방문하는 것을 가리킨다. 이때 순례객들은 카바 신전 주위를 일곱 바퀴 돌

이드 알피트르 예배를 드리는 모습

축제 인사말인 '이드 무바라크(Eid Mubarak)'가 표현된 장식(출처: Wikimedia Commons)

기, 사파 동산과 마르와 동산 사이를 일곱 차례 왕복하기, 잠잠 우물 마시기, 아라파트 언덕에서 명상하기, 사탄을 상징하는 기둥에 돌 던지기 등과 같은 종교 의식을 행한다. 순례를 마치고 두 알힛자 10일째 되는 날에 희생제를 치르는데, 이것이 바로 이드 알아드하이다. 이날 순례객은 물론, 순례에 참여하지 않은 무슬림도 희생제 의식을 거행한다.

희생제 의식은 이슬람에서 예언자로 존경받는 아브라함의 이야기에서 유래한다. 《꾸란》에 따르면, 어느 날 아브라함은 아들 이스마일을 희생하여 제단에 바치라는 꿈을 꾸었다. 믿음이 강한 아브라함은 알라의 뜻에 순종하여 이스마일을 제물로 바치려 했다. 바로 그때 알라는 그의 행동을 보고 이미 꿈에서 본 명령을 다 이행하였으니, 아들 대신 양을 희생 제물로 바치라고 말하였다. 무슬림들은 인간적 고뇌를 극복하고 알라의 뜻을 따르려 했던 아브라함의 신앙을 기리기 위해 동물을 희생하는 의식을 치른다. 희생제는 가족 단위로 치러지며, 희생 제물로는 보통 양이 사용되나 소, 낙타, 닭 등을 바칠 수도 있다. 희생 제물로 바치는 동물은 일정한 나이에 이르러야 하고 건강 상태가 양호해야 하며, 그렇지 못한 것은 제물로서의 가치가 없다. 희생된 동물은 보통 세 부분으로 나누어 그중 1/3은 희생 의식을 치른 가족이 갖고, 나머지 1/3은 친척, 친구, 이웃에게 주며, 마지막 1/3은 가난한 자에게 나눠 준다.

7.
히잡과 쿠피야, 아랍 문화의 외적 상징

쿠피야(Kufiyah)는 아랍 지역에서 남자들이 착용하는 전통 머리 장식이다. 사각형의 큰 천으로 이루어지며, 면으로 만든다. 주로 격자무늬를 사용하는데, 무늬의 색과 모양에 따라 상징하는 지역과 의미가 달라지기도 한다.

전통적으로 쿠피야를 사용하는 목적이 뜨거운 햇볕과 먼지, 모래 등으로부터 머리와 얼굴을 보호하는 것이었기 때문에 주로 고온 건조한 지역에서 사용한다. 아랍인뿐만 아니라 쿠르드족도 쿠피야와 유사한 형태의 머리 두건을 사용하지만, 패턴과 색상, 쓰는 방법에서 차이를 보인다.

아랍 여성들이 주로 착용하는 히잡(Hijab)은 쿠피야보다 조금 더 복잡하다. 히잡은 이슬람이 발흥하기 이전부터 쿠피야와 마찬가지로 기후적 특성으로 인하여 머리에 착용하던 쓰개의 한 형태였다. 이슬람 발흥 이후 히잡에 종교적 의미가 더

쿠피야를 착용한 남성

히잡의 다양한 형태

해지면서 무슬림 여성이 착용해야 하는 의복이 되었다.

현대 이슬람 사회에서 여성들이 착용하는 히잡은 다양한 형태로 존재한다. 일반적으로 무슬림 여성이 착용하는 머리쓰개를 히잡이라고 통칭하지만, 쓰는 형태나 천의 종류, 쓰고 난 후의 모양, 지역 등에 따라 명칭이 달라진다.

아랍과 페르시아 지역에서 널리 사용하는 직사각형의 긴 천을 머리에 헐겁게 두르고 자연스럽게 흘러내리게 한 형태의 머리쓰개를 샤일라(Shayla)라고 한다. 이에 반해 히잡은 직사각형 모양의 스카프를 머리를 덮으며 두르는데 목 부분에서 아래로 흐르지 않고 여며지는 듯한 모습을 보이는 형태이다.

알아미라(Al-Amira)라는 쓰개 형태는 두 개의 천으로 되어 있는데, 머리가 흘러내리지 않도록 고정하는 천과 어깨를 덮는 천으로 구성된다. 키마르(Khimar)는 알아미라와 비슷한 형태를 보이지만, 상체를 감싸는 천이 가슴까지 내려오는 형태이다.

니깝(Niqab)은 머리를 가리는 쓰개에 덧대어 눈을 제외한 얼굴의 나머지 부분을 베일로 덮는 형태의 쓰개를 말한다. 주로 아라비아반도의 걸프 국가에서 자주 볼 수 있는 형태이다. 아바야(Abayah) 또는 차도르(Chador)라고 부르는 의복 형태는 머리나 상체뿐만 아니라 전신을 가리는 복장이다.

마지막으로 부르까(Burqah)가 있다. 부르까는 전신을 뒤덮는 복장으로, 눈 부분까지도 망사로 가려 밖에서는 여성의 모습을 거의 볼 수 없도록 만들었고, 여성 역시 외부를 제대로 살피지 못하는 형태의 복식이다. 일부 사람들은 부르까가 이슬람 세계의 복식이라고 오해하는데, 이는 이슬람 세계의 복식이 아니라 아프가니스탄의 탈레반 같은 급진적 이슬람 극우집단들이 인위적으로 만들어 여성들에게 강제하고 있는 복식이다.

니깝을 착용한 사우디 여성

무슬림 여성의 히잡은 단순히 여성이 착용하는 복식의 한 종류에 그치는 것이 아니다. 무슬림 여성 정체성의 상징과 같은 역할을 하기도 하고, 때로는 무슬림 여성을 억압하는 이슬람 세계의 가부장적 성향의 상징으로 여겨지기도 한다.

프랑스를 비롯하여 유럽 내 여러 국가는 무슬림 여성의 히잡 착용 허용 여부를 두고 법적 싸움을 비롯하여 극심한 사회 갈등을 경험하기도 하였다. 무슬림 여성이 자신의 종교 정체성을 외적인 복식을 통해 드러냄에 따라 사회적 차별과 혐오의 대상이 될 수도 있기에 이를 금지하는 것이 옳다는 주장이 제기되는 것이다. 또한 공공장소에서 종교성을 눈에 띄게 드러내는 것이 과연 옳은 것인가에 관한 사회적 논의도 진행되고 있는 상황이다.

쿠피야와 히잡은 아랍을 상징하는 복식 요소이다. 한 문화권의 전통 복식은 단순히 옷가지라는 의미를 넘어 해당 문화권의 오랜 역사와 전통이 담겨 있는 산물일 것이다. 앞서 언급한 바와 같이 히잡은 역사 속 상징에서 한 걸음 더 나아가 지금까지도 무슬림과 비무슬림, 무슬림 여성과 다른 사람들, 이슬람 사회와 비이슬람 사회 등 대립적 갈등 요소의 한가운데에 자리 잡고, 이 모든 갈등을 상징하는 요소로 활용되고 있다.

8.

사람의 희로애락, 아랍의 결혼과 장례 엿보기

아랍 사회의 결혼과 장례는 이슬람 세계의 문화와 닿아 있다. 이슬람 세계가 워낙 광범위하기에 획일화된 모습으로 통과의례를 치르는 것은 아니다. 또한 각 국가와 지역의 문화, 관습에 영향을 받아 나름의 형태로 다르게 발전하였다. 이 글에서는 이슬람 세계의 결혼과 장례 문화에 관해 기본적으로 이야기되는 특성을 중심으로 다루어 보고자 한다.

대다수의 이슬람 사람들은 결혼을 종교적 의무로 간주하기 때문에 결혼하지 않고 독신으로 사는 것은 사회적으로 쉽게 용인되지 않는다. 전통적으로 아랍 세계에서 결혼은 두 집안 간의 약속이자 관계를 맺는 것을 의미한다. 따라서 대부분의 아랍 국가에서는 자유연애를 통한 결혼보다는 집안 간 중매를 통한 결혼을 치른다. 일반적으로 남자 쪽 집안에서 먼저 결혼 제의를 하고, 여자 측 집안이 이를 수용한다. 이때, 남자 집안에 속한 여성이 예비 신부를 만나고 혼담이 오가게 되면 두 집안은 약혼 상태가 된다.

아랍 국가에서도 자유롭게 데이트하며 거리를 다니는 연인의 모습을 쉽게 볼 수 있는데, 이들 중 대부분은 단순한 연인 관계가 아니라 결혼을 약속한 약혼 관계일 가능성이 크다. 결혼 이야기가 본격적으로 오가게 되면, 결혼 계약을 맺게 된다. 이슬람 관습에 따르면 증인 앞에서 결혼 계약을 해야 하고, 성공적으로 혼담이 오가고 계약이 성사되면 남자 집안은 여성에게 혼납금(마흐르, Mahr)을 지불한다.

현대 사회에서 혼납금은 국가에 따라 모습이 달라졌다. 형식적으로 적은 금액을 지불하는 경우도 있고, 실질적으로 많은 액수를 지불하기도 한다. 이슬람 원칙에 따르면, 혼납금은 오직 신부를 위해 사용해야 한다. 신부가 가지고 있다가 훗날 예기치 못한 상황에 사용할 수도 있고, 받은 혼납금에 친정에서 받은 돈을 더 보태어 혼수를 장만하기도 한다. 혹시라도 이혼하게 되면 신부는 자신의 돈으로 마련한 재산을 모두 가져갈 수 있다. 따라서 일부 학자들은 마흐르가 신부를 물건처럼 사고파는 행위의 상징이 아니라, 남자 입장에서 이혼을 두세 번 더 재고할 여지를 만들어 결국 이혼을 억제하는 기능을 한다고 보기도 한다.

혼납금까지 지불되면 결혼식이 진행된다. 보통 신부가 신랑 집으로 가서 결혼 잔치를 치르게 된다. 물론 현대에는 서구 사회와 마찬가지로 특정 공간을 대여해서 결혼식을 진행하기도 한다. 사우디아라비아의 경우, 신랑과 신부가 다른 장소에서 결혼식을 한다. 여성은 여성들끼리, 남성은 남성들끼리 결혼 잔치를 올리고, 행사가 모두 끝나고 나면 신랑과 신부가 다시 만나는 것이다. 이는 여성이 다른 남성 앞에 함부로 모습을 드러낼 수 없는 사우디아라비아의 이슬람 문화로 인하여 나타나는 결혼식 문화라고 할 수 있다.

이슬람 세계에서 한 사람에게 죽음이 다가오면, 주변 사람들은 그 사람의 얼굴을 메카 방향으로 둔 다음 눈을 감게 한다. 그리고 죽음과 관계된 기도문을 외우거나, 《꾸란》 36장인 야신장을 계속해서 외운다. 시간이 흘러 위독했던 사람이 사망하면 본격적인 장례 절차가 시작된다. 가장 먼저 고인의 옷을 모두 벗기고 옷을 갈아입힌다. 이후 장례 절차를 도와 염을 할 사람이 오면 본격적인 의식이 시작된다. 첫 번째 의식은 구슬(Ghusl)로, 시신의 전신을 씻기는 의식이다. 입과 코를 제외한 전신을 물을 사용해 문지르며 씻어 낸다. 세정 의식이 마무리되면 카판(Kafan)이라고 하는 수의로 몸을 감싸는 의식을 치른다. 시신을 세 겹으로 싸야 하며, 수의는 주로 흰색이나 녹색을 사용한다.

시신을 염하는 의식이 끝나고 장지에 도착하면 매장하기

전에 이슬람 종교 지도자의 주도하에 《꾸란》을 낭송하고 기도하는 전례를 행한다. 이슬람 세계에서 장례 절차는 만 하루를 잘 넘기지 않는다. 중동 지역의 더운 기후에 영향을 받은 관습이다.

또한 이슬람 세계에서는 육신과 영혼이 함께 부활할 것이라 믿는다. 이에 따라 육신을 화장하면 영혼이 자리 잡을 곳이 없다고 여기기 때문에 아주 특별한 경우를 제외하고는 화장을 하지 않고 매장한다. 장례 이후에는 40일 동안 추모 기간을 갖는다. 40일이 지나야 고인의 영혼이 이승과 완전히 분리된다고 믿기 때문이다.

아랍 세계의 결혼과 장례는 이슬람 이전의 문화와 관습이 이슬람에서 규정하는 규칙과 함께 융합되며 자신들만의 문화로 발전했다. 이슬람이라는 종교로부터 자유로워질 수 없기에 이슬람적 요소가 많이 스며들어 있는 통과의례의 모습을 보인다. 물론 현대 사회의 변화에 따라 조금씩 전통적 모습이 변화하고 있으나, 이슬람 문화 속에 나타나는 결혼과 장례를 이해하지 않고서는 아랍 사회의 모습을 완벽하게 이해할 수 없을 것이다.

9.
아랍! 우선 친구가 되어야만 비즈니스를 시작할 수 있다고요?

많은 사람이 아랍인과의 비즈니스는 매우 "어렵다(tough)"라고 말한다. 맞는 말이다. 아랍인들은 오래전부터 유목민으로 부족사회를 이루고 살아왔으며, 아랍의 상인은 사막을 가로지르는 험난한 여정을 감당하면서 비즈니스를 하였다. 수천 년간 쌓아 온 노하우가 있어서 기다릴 줄 아는 인내심이 있고, 순간적으로 상대방의 마음을 꿰뚫어 보는 직관력도 있다. 그들은 상대방이 어떤 사람이냐에 따라 비즈니스를 할지 안 할지를 결정한다. 상대방이 자격을 갖췄는지는 그 사람에 대한 신뢰 여부에 따른다. 그 신뢰란 하루아침에 생기는 것이 아니다. 서로 보고 대화하는 시간이 많아지고, 상대 본인과 그 주변의 친인척과 지인에 대한 이해와 호감이 두터워지면서 그에 대한 믿음이 강해져야만 생기는 것이다.

모든 거래에 있어서는 종국적으로 정교한 계약서를 준비해

장 자크 제롬 작 <이집트 성채 밖의 아랍 상단>

야 한다. 그런데 아랍인과의 거래에서는 계약서 준비보다는 우선 친구가 되기 위한 노력이 반드시 선행되어야만 한다. 즉, 충분한 신뢰를 바탕으로 우호 관계가 형성되고 나서야 비즈니스 이야기를 꺼내도 무리가 따르지 않는다. 순서를 뒤바꾸어 진행하는 경우 실패하기 십상이다. 아랍에는 "길을 떠나기 전 친구를 찾으라(الصديق قبل الطريق)"라는 속담이 있다. 인생 여정에서 친구가 그만큼 중요하다는 의미이다. 따라서 상대방과 먼저 접촉할 기회를 만들어야 하며, 가족과 가족 간의 교류, 그를 중심으로 한 지인과의 교류로 확대할수록 우정과 신뢰가 쌓이는 속도가 빨라지게 마련이다. 이처럼 인맥에 기반한 문화를 와씨따(Wasita) 문화라고 칭하며, 일부 아랍인들은 비타민과 같이 중요하다고 하여 '와씨따'의 첫 글자를 따서 '비타민 와우'라고 부르기도 한다.

일단 친구로 인정받게 되면 아랍인들은 사적인 부탁이든 비즈니스이든 외교든 어떻게든 친구를 도와주려고 한다. 가만히 있어도 친구를 위해 스스로 도울 거리를 찾는다. 아랍인들은 어떤 일이든지 그것이 자신에게, 가족에게 그리고 가문에 어떤 이익을 가져다줄 것인가에 대해 민감하다. 그리고 진정한 친구가 되면 친구 자신이나 그 가족 그리고 친구 가문에 대한 배려도 남다르다.

쉬어가는
이야기

필자(마영삼 대사)가 외교관 생활을 하면서 경험한 '친구' 이야기

에피소드 1

"반 장관은 내 친구야!Mr. Ban is my friend!"

2005년 유엔 사무총장의 꿈을 품은 반기문 외교장관이 이스라엘과 팔레스타인 방문 계획을 세웠다. 당시 필자는 주이스라엘 대사관 공사참사관으로서 팔레스타인 업무도 수행하고 있었다. 본부 지시에 따라 팔레스타인 외무부 차관보를 접촉하여 반기문 장관의 지역 방문 계획을 알리고 접수 가능성을 타진하였다. 팔레스타인 차관보는 대답을 보류하고 장관에게 보고한 후 지침을 받겠다고 했다. 헤어진 지 1시간도 안 되어 팔레스타인 차관보로부터 전화가 왔다. 그는 유쾌한 목소리로, "장관께 보고했더니 'Mr. Ban is my friend!'라고 하면서 모든 성의를 다하여 친구 맞을 준비를 하라고 지시했다"라고 전했다.

당시 팔레스타인 외교장관은 약 15년간 주유엔 팔레스타인 대표를 지냈던 나세르 알키드와Nasser Al-Kidwa였는데, 그는 아라파트의 조카로서 막강한 권한을 행사하고 있었다. 그런데 두 사람이 어떻게 친구가 되었던가? 2001년 당시 한승수 외교장관이 제56차 유엔총회 의장직을 수행할 때 반기문 비서실장이 풀타임으로 유엔 본부에서 근무했는데, 그 시기에 두 사람은 업무적으로 자주 만났고, 자연스레 우정이 싹텄다. 가끔 부부 동반으로 식사를 하는 등 진정한 친구 관계가 가족 간에도 이루어진 것이다.

팔레스타인에서는 한국 외교장관을 맞기 위한 만반의 준비를 하고 있었다. 반기문 장관이 팔레스타인 외무부에 도착할 때 중학생 밴드부가 환영 음악을 연주하겠다고 했다. 팔레스타인 외교사상 최초의 시도라고 강조했다. 행사 당일 반기문 장관이 차에서 내리자 팔레스타인 민요가 울려 퍼졌다. 잔뜩 긴장한 어린 학생들이 땀을 뻘뻘 흘리고 있었다. 이처럼 아랍에서는 '친구'를 위해서라면 외교 의전에 없는 파격도 마다하지 않는다.

에피소드 2

"그를 도와줘. 그는 우리의 친구야! Help him! He is our friend!"

2006년 3월 어느 날, 팔레스타인 가자지구에서 한국인 기자 1명이 프랑스 기자 2명과 함께 무장 괴한에게 납치되었다. 당시 주팔레스타인 대한민국 초대 대표였던 필자는 가자지구로 들어가 석방을 위한 교섭을 책임지게 되었다. 이때 팔레스타인 외무부에 있던 친구가 만사를 제쳐 두고 납치된 한국인 기자의 석방을 위해 도움을 주었다. 그의 주선으로 무장단체 상부 조직의 대표를 만날 수 있었다. 협상이 아닌 대화로 진행되었고, 조기 석방을 위해 노력하겠다는 약속을 받아 냈다. 그러나 나는 엘리베이터를 타려다 말고 다시 그 대표의 사무실로 걸어 들어갔다. 여기서 헤어지면 이 사람을 다시 만날 수 없을 것이고, 석방 약속을 지키지 않았을 경우 대책이 없다는 생각에 막막해져 좀 더 확실한 다짐을 받고자 발길을 돌린 것이었다. 하지만 막상 다짐을 받을 뾰족한 묘안이 떠오르지 않았고, 그저 인간적으로 호소하기로 마음먹었다.

"나는 주팔레스타인 대한민국 대표이며, 팔레스타인의 친구이다. 이곳에서 발생하는 한국인의 안전 문제에 대해서는 내가 모든 책임을 진다. 나를 진정 팔레스타인의 친구라고 생각한다면 도와 달라. 나는 피랍 한국인을 데리고 가야만 하고, 그게 내가 이 순간 책임져야 할 일이다."

이때 나와 동행하였던 팔레스타인 외무부 국장이 끼어들었다. "친구를 도와주자! 이분은 팔레스타인의 친구가 맞다." 이에 납치 조직의 대표가 "최대한 빨리 석방되도록 최선을 다하겠다"라고 약속하였고, 24시간 만에 풀려나는 기적 같은 일이 일어났다.

한국인 피랍 사실을 인지한 순간부터 석방 때까지 모든 노력을 아끼지 않은 팔레스타인 외무부 친구가 이런 얘기를 전해 주었다.

"어젯밤 집에서 여기저기 전화하면서 석방 문제를 협의하고 있었는데, 집사람이 '피랍자는 프랑스인 2명, 한국인 1명 등 총 3명인데 당신은 왜 한국인 1명에 대해서만 언급하느냐?'라고 묻더라고. 그래서 내가 이렇게 대답했어. '그는 내 친구야Mr. Ma is my friend!'"

에피소드 3

"친구여, 이게 너한테 좋은 일이야? Friend, is this good to yourself?"

2007년 서울 외교부 본부에서 아프리카중동국장직을 수행할 때였다. 국제기구에서 중요한 선거가 있었고 우리나라도 입후보하였다. 한 표가 아쉬운 판이었는데, 마지막 순간까지도 우리나라의 당선 가능성을 확신할 수 없었다. 그때 현지 공관의 지지표 분석 자료가 왔는데, 우리나라 입후보에 대해 지지를 표명하지 않은 아랍 국가 중 하나가 눈에 띄었다. 마침 그 나라 고위 외교 라인에 나의 오랜 친구가 있었는데 비교적 허심탄회하게 얘기를 주고받는 사이였다. 나는 그에게 전화하여 지지를 부탁하였다. 그는 대뜸 나에게 이렇게 물었다. "친구여, 우리가 지지하면 친구 너에게 좋은 일이야?" 나는 "당연하다"라고 대답하였고, 그는 즉각 현지 대표단에 한국 지지를 지시했다.

외교 교섭에 있어서는 으레 정부의 이익을 먼저 생각해야 하지만, 아랍인에게는 '친구의 이익'도 특별히 고려해야 하는 요소인 듯하다.

03

아랍·이슬람 세계가 낳은 위대한 인물

1. 이슬람 학문 발전을 위해 선구적 역할을 한 압바스조
2. 최초의 아랍인 철학자 알킨디
3. 알고리즘의 효시가 된 수학자 알콰리즈미
4. 서양 의학의 안내자 이븐 시나
5. 역사학의 패러다임을 바꾼 이븐 칼둔
6. 위대한 여행가 이븐 바투타
7. 아리스토텔레스 철학을 부활시킨 이븐 루시드
8. 발명왕 알자자리
9. 이슬람 페미니즘 운동의 선구자 파티마 메르니시
10. 노벨 문학상 수상 작가 나지브 마흐푸즈
11. 레바논의 기독교 문학 작가 칼릴 지브란
12. 아랍이 낳은 불멸의 외교관 부트로스-갈리 유엔 사무총장

A R A B

1.
이슬람 학문 발전을 위해 선구적 역할을 한 압바스조

이슬람 문명은 7세기 초부터 인접한 비잔틴 제국과 사산조 페르시아 제국의 영토를 정복하며 시리아, 이라크, 이란, 북아프리카, 스페인 등으로 급속히 영토를 확장해 나갔다. 이 과정에서 첫 번째로 등장한 이슬람 제국이 다마스쿠스를 중심으로 세워진 우마이야조(Umayyad Dynasty, 661~750년)였고, 두 번째 제국은 바그다드를 중심으로 건설된 압바스조(Abbasid Dynasty, 750~1258년)였다.

중세 이슬람 문명은 압바스조 시절에 황금기를 맞이했다. 9세기 무렵 압바스조의 수도 바그다드는 인구 100만 명이 넘는 세계 최대 도시 가운데 하나였다. 바그다드에는 티그리스강과 유프라테스강을 연결한 운하를 통해 유럽, 아프리카, 인도, 중앙아시아, 중국 등지로부터 들어오는 향료, 비단, 도자기 등이 넘쳐 났다. 또한 압바스조는 문화개방 정책을 추진하여 아랍인, 페르시아인, 무슬림, 기독교도, 유대교도 등을 가리지 않고 인재를 고루 등용했고, 그들의 문화적 유산을 흡수하는 데도 적극적이었다.

8세기부터 13세기까지 압바스조가 동서고금의 학문이 교통하는 문화 중심지가 될 수 있었던 비결은 무엇보다도 '번역'이었다. 압바스조 시대의 칼리파(khaliifa, 지배자)들은 고대 과학, 철학, 의학, 천문학, 수학 필사본을 수집하는 데 열정을 보였다. 당시 압바스조의 수도 바그다드에서는 대규모 번역 운동이 진행되어 시리아어, 페르시아어, 힌두어, 그리스어 등으로 된 작품들이 아랍어로 번역되었다. 주목할 만한 사실은 당시 아랍어로의 번역은 개인적 차원에서 우연히 또는 호기심으로 이루어진 것이 아니라는 점이다. 번역은 정부의 후원하에 잘 조직된 프로그램에 따라 진행되었다.

압바스조의 번역 운동은 7대 칼리파 알마으문(Al-Ma'mun, 재위 813~833년)의 시대에 이르러 절정에 달했다. 830년경 알마으문은 외국의 과학과 철학 서적 번역 및 연구를 위해 바그다드에 '지혜의 전당(바이트 알히크마, Bayt al-Hikma)'을 설립했다. '지혜의 전당'은 학술연구원과 도서관과 번역국을 합쳐 놓은 것으로, 프톨레마이오스 왕이 이집트의 알렉산드리아에 세운 '무세이온(Mouseion)' 이래 최대의 학술 교육 기관으로 여겨진다.

압바스조의 번역 사업은 양적인 방대함과 질적인 수준에서

압바스조에 세워진 알쿨라파 모스크(Al-Khulafa Mosque)

압바스조 도서관에서 토론하는 학자들

상상을 초월했다. 당시 번역 사업을 통해 아랍어로 번역된 주요 고전을 분야별로 살펴보면, 우리에게 익숙한 갈레노스와 히포크라테스의 의학서, 프톨레마이오스의 천문학서인 《알마게스트》, 유클리드의 수학서인 《원론》, 인도 학자 브라마굽타의 수학서인 《싯단타》, 아리스토텔레스의 철학서인 《영혼론》, 《범주론》, 《니코마코스 윤리학》, 플라톤의 철학서인 《티마이오스》, 《소피스트》, 《공화국론》 등이 있다.

당시 압바스조에서 동서고금의 지식이 집대성될 수 있었던 가장 중요한 요인 가운데 하나는 압바스조의 통치자들이 바그다드에 모여든 다양한 이민족에게 관용적인 정책을 취했을 뿐만 아니라, 인재 발탁에서도 종교나 출신지를 가리지 않는 열린 자세를 보였기 때문이다. 압바스조의 파격적인 개방 정책은 알마으문이 설립한 지혜의 전당 초대 원장인 이븐 마사와이흐(Ibn Masawayh), 2대 원장인 후나인 이븐 이스하크(Hunayn Ibn Ishaq), 3대 원장인 이스하크 이븐 후나인(Ishaq Ibn Hunayn) 등이 모두 네스토리우스파 기독교도였다는 점에서도 여실히 드러난다.

바그다드에서 아랍어로 번역된 수많은 그리스, 페르시아, 인도의 고전 덕택에 중세 시기 이슬람의 철학, 과학, 의학, 천문학, 연금술은 세계 최고 수준을 자랑하게 되었다. 그리고 바그다드에서 축적된 이성 학문은 방대한 이슬람 네트워크를 통해 세계 전역으로 전파되었다. 특히 12세기 무렵 스페인 남부 알안달루스(Al-Andalus, 안달루시아) 지역에서는 아랍어로 기록된 학술 서적이 라틴어로 번역되었고, 이는 유럽에서 르네상스 운동이 개화하는 데 중요한 토대를 제공했다.

2.

최초의 아랍인 철학자 알킨디

알킨디(Al-Kindi, 801~873년)는 무슬림 사이에서 '아랍인 철학자'로 그리고 서구 세계에서는 '알킨두스(Alkindus)'라는 이름으로 알려져 있다. 실제로 알킨디는 진정한 의미에서 '철학자'라고 불릴 만한 최초의 무슬림이었으며, 중세 이슬람 역사에서 순수한 아랍 혈통 출신의 유일한 철학자이기도 했다. 알킨디는 801년 이라크 남부에 있는 쿠파에서 태어났다.

알킨디가 학자로서 왕성한 활동을 했을 무렵, 압바스조의 칼리파 알마으문은 고대 그리스, 페르시아, 인도에서 저술된 다양한 학문 서적을 아랍어로 번역하는 데 아낌없이 후원하며 문화적 황금기를 구가하고 있었다. 이 같은 시대적 분위기는 알킨디가 철학, 영혼학, 의학, 수학, 음악, 천문학, 지리학, 논리학, 점성술 등 다양한 분야를 섭렵하는 데 큰 영향을 미쳤다. 그의 대표적인 저서로는 《철학의 배움에 대한 촉구》, 《제1

최초의 아랍인 철학자 알킨디

철학에 대하여》, 《슬픔의 치유서》 등이 있다.

알킨디가 그리스 철학에 매료된 가장 큰 이유는 철학이 종교적 진리를 확고하게 밝히는 데 매우 중요한 수단이 될 수 있다고 보았기 때문이다. 그는 유일신 알라의 계시 말씀이 담긴 경전 《꾸란》의 의미를 정확하게 이해하기 위해서는 이성의 법칙에 따라 합리적으로 해석하는 것이 중요하다고 여겼다. 예를 들어, 그는 《꾸란》 55장 6절의 "별과 나무들이 알라께 엎드린다"라는 구절을 문자 그대로 받아들이기보다는 "최고의 천체를 비롯한 모든 만물이 알라께 순종한다"라는 의미로 해석하는 것이 더 합리적이라고 생각했다.

당시까지만 해도 이슬람 세계의 보수 종교학자나 신학자들은 그리스 철학이 외래 학문이었기 때문에 반감을 갖는 경우가 많았다. 그들은 이슬람이 이미 모든 진리를 포괄하고 있으므로 철학과 같은 새로운 학문이 필요 없다고 주장하기도 했다. 이에 대해 알킨디는 저서 《철학의 배움에 대한 촉구》에서 종교의 이름으로 진리 추구를 방해하는 자들은 협잡꾼과 다름없다고 비판하며 다음과 같이 말했다.

"그 근원이 무엇이든 진리를 추구하라. 설령 우리와 멀리 있는 민족이나 우리와 다른 국가에서 온 것이라도 받아들여라. 진리를 추구하는 자에게 있어서 진리 그 자체를 얻는 것보다 나은 것은 아무것도 없다."

알킨디는 철학적 용어와 개념으로써 신의 존재를 규명하고 설명하고자 했다. 하지만 그가 그리스 철학의 주장을 맹목적으로 받아들기만 한 것은 아니었다. 그는 이슬람의 교리에 어긋나는 부분을 발견하면 과감하게 배격하고 가차 없이 비판을 가하기도 했다. 이 같은 맥락에서 알킨디는 아리스토텔레스를 비롯한 많은 고대 그리스 철학자들이 주장했던 세계의 영원론을 버리고, 이슬람 신학자들의 견해에 따라 《꾸란》의 창조론이 옳다고 주장했다. 하지만 그는 보수 종교인들에 의해 이슬람을 배반한 인물로 낙인찍히고 말았다. 결국 그는 세상과 인연을 끊고 은둔하며 여생을 보냈다.

알킨디의 또 다른 저서 《슬픔의 치유서》는 그가 개인적으로 겪은 운명과 그 과정에서 느낀 심경을 고스란히 보여 주고 있다. 여기에서 그는 인간은 모두 결국 슬픔을 피할 수 없다고 말한다. 왜냐하면 슬픔이란 우리가 아끼는 무언가를 잃어버리거나 우리가 추구하는 무언가를 성취할 수 없을 때 밀려오는데, 현세에서는 우리가 아끼는 것을 영원히 간직할 수도 없고, 우리가 염원하는 것을 영원히 지킬 수도 없기 때문이다. 여기에서 그는 모든 슬픔은 허망한 것에 대한 집착에서 비롯된다고 지적한다. 그리고 세속적인 부귀영화를 향한 집착에서 자유로워지는 것이야말로 슬픔을 치유할 수 있는 가장 좋은 방법이라고 후세 사람들에게 조언해 주었다.

3.

알고리즘의 효시가 된 수학자 알콰리즈미

알콰리즈미(Al-Khwarizmi, 780년경~850년경)는 9세기 무렵 이슬람 세계에서 활약한 페르시아 출신의 수학자이자 천문학자였다. 오늘날 수학, 컴퓨터 과학, 언어학 등에서 어떤 문제를 해결하기 위해 정해진 일련의 절차나 방법을 공식화한 형태로 표현한 것을 '알고리즘(Algorithm)'이라고 칭하는데, 이 용어는 다름 아닌 알콰리즈미의 라틴어식 이름인 '알고리스무스(Algorismus)'에서 유래한 것이다.

알콰리즈미는 780년경 오늘날의 이란, 투르크메니스탄, 우즈베키스탄에 걸쳐 있는 콰라즘(Khwarazm, 호라즘) 지역에서 태어났다. 당시 이슬람 세계를 지배하던 압바스조는 새롭게 이슬람으로 개종한 비(非)아랍인을 포용하는 정책을 취하였다. 그 덕택에 뛰어난 능력을 지닌 페르시아 지식인들이 바그다드에 있는 압바스조의 궁전에서 전문 관료로 대거 발탁되었

우즈베키스탄 히바(Khiva)에 있는 알콰리즈미 동상(출처: Wikimedia Commons)

다. 특히 9세기 초 압바스조의 7대 칼리파 알마으문은 전문 번역·학술연구기관인 '지혜의 전당'을 설립하고 문예 진흥을 위해 힘썼는데, 이때 페르시아 지식인들이 학문, 문화, 예술 분야에서 뛰어난 역량을 발휘했다. 바그다드에서는 인도의 브라마굽타가 저술한 수학서인 《싯단타》가 아랍어로 번역되어 수학 연구의 열기가 고조되었다. 알콰리즈미는 지혜의 전당이 배출한 가장 걸출한 페르시아 출신 학자로, 대수학(代數學), 산술, 천문학 분야에서 전대미문의 업적을 남겼다.

알콰리즈미는 인도에서 전파된 수학 이론을 체계적으로 정리하여 《힌두 계산법에 따른 덧셈과 뺄셈》이란 저서를 저술했다. 이 책은 이슬람 세계 최초로 십진법과 이를 기반으로 한 계산 방법을 소개한 저서로 평가된다. 또한 《복원과 대비의 계산(Al-Kitab al-mukhtasar fi hisab al-jabr wa'l-muqabala)》이라는 책도 저술하여 대수학의 개념을 최초로 정립했다. 이 저서에서 그는 대수학을 이용해 일차방정식과 이차방정식을 푸는 방법을 소개했고, 800여 개의 예시를 통해 적분의 계산 방법과 방정식을 설명하기도 했다. 또한 그는 압바스조가 추진했던 과학 실험에 참여하여 지구의 둘레를 정확하게 측정하는 데 성공했으며, 인도와 그리스 문헌 자료를 참조하여 '지즈(Zij)'라고 불리는 천문표를 새롭게 편찬하기도 했다.

12세기 무렵 알콰리즈미가 저술한 《복원과 대비의 계산》과

《힌두 계산법에 따른 덧셈과 뺄셈》은 아랍어에서 라틴어로 번역되었다. 《복원과 대비의 계산》에서 '복원'이 아랍어로 '알자브르(al-jabr)'인데, 여기에서 오늘날 방정식에서 미지의 수 x의 값을 구하는 학문인 '대수학(Algebra)'이란 용어가 생겨났다. 한편 《힌두 계산법에 따른 덧셈과 뺄셈》은 라틴어로 번역되어 《인도 수학에 의한 계산법(Algoritmi de numero Indorum)》이라는 제목이 붙었다.

알콰리즈미가 저술한 수학서의 라틴어 번역은 유럽에서 수학이 발전하는 데 결정적인 역할을 했다. 13세기 이탈리아 출신의 수학자로서 아라비아 숫자 체계를 처음 유럽에 소개한 레오나르도 피보나치(Leonardo Fibonacci)가 대표적인 사례이다. 그는 상인이었던 아버지를 따라 아랍권을 자주 왕래했는데, 알제리의 항구 도시인 베자이아에서 이슬람 세계의 수학을 공부했던 것으로 전해진다. 1202년 피보나치는 《계산의 서(Liber Abaci)》를 저술했는데, 이 저서는 당시까지 나온 라틴 문헌 중에서 알콰리즈미가 설명한 아랍 기수법을 가장 자세히 소개했다. 피보나치는 책의 서두에서 자신이 설명하는 기수법이 아랍인들로부터 배운 것이라며 다음과 같이 언급했다.

"이제 1장을 시작한다. 아홉 개의 인도 숫자 9, 8, 7, 6, 5, 4, 3, 2, 1이 있다. 이렇게 아홉 숫자가 있고 아랍인들이 알시프르(al-sifr)라 부르는 기호 0이 있으면 어떤 숫자든 적을 수 있다."

4.
서양 의학의 안내자 이븐 시나

서양에서 라틴어식 이름인 아비센나(Avicenna)로 불렸던 이븐 시나(Ibn Sina, 980~1037년)는 이슬람 문명의 황금기인 11세기를 대표하는 학자로서 후대에 유럽의 철학과 의학 발전에 큰 영향을 주었다. 그는 페르시아 출신 무슬림으로, 980년 지금의 우즈베키스탄 부하라(Bukhara) 인근의 작은 마을에서 태어났다.

이븐 시나는 열 살 때 《꾸란》을 통째로 암송할 정도로 기억력이 뛰어났던 것으로 유명하다. 특히 의학 분야에서 천재성을 유감없이 발휘했다. 그는 16세 때 처음 의학을 접했는데, 18세에는 궁중 의사들도 치료하지 못했던 사만조(819~999년) 술탄의 병을 고쳐 주위를 놀라게 했다. 이븐 시나가 살았던 시기에 이슬람 세계의 중심이었던 압바스조는 정치적 혼란기에 접어들었다. 이로 인해 이븐 시나는 사만조, 가즈나조, 부와이흐조 등을 전전하며 궁중 의사 또는 재상을 역임하게 되었다.

하지만 이 와중에도 학문에 대한 열정이 식지 않았고, 평생에 걸쳐 약 450권에 달하는 방대한 분량의 책을 저술했다. 그리고 이 가운데 약 240권이 오늘날까지 전해지고 있다. 그의 저서 가운데 최고의 대표작으로 꼽히는 것은 아랍어로 저술한 《치유의 서(Kitab al-Shifa')》와 《의학대전(Al Qanun fi al-Tibb)》이다.

《치유의 서》는 총 4권으로 구성된 철학·과학 백과사전으로 논리학, 형이상학, 물리학, 수학, 천문학, 지질학 등 다양한 분야의 지식을 체계적이고 상세하게 소개한다. 이 저서에서 이븐 시나는 아리스토텔레스 철학과 신플라톤 철학의 개념을 빌려 우주의 생성과 신의 존재를 논리적으로 설명하고자 했다. 그는 모든 존재물에는 외부의 원인자가 있게 마련이며, 그 원인자는 또 다른 외부의 원인자를 가질 수밖에 없다고 설명했다. 그리고 원인자의 연결 고리를 계속 추적하다 보면 결국 다른 외부의 원인자가 필요하지 않은 궁극의 원인자에 도달하게 되는데, 그것이 바로 필연적 존재(Necessary Being)로서 모든 종교에서 말하는 신(神)이라고 하였다. 이와 같은 신의 존재에 대한 그의 논리적 증명은 유럽 스콜라 철학의 대가인 토마스 아퀴나스(Thomas Aquinas)에게 영향을 준 것으로 평가된다. 그리고 이 같은 맥락에서 13세기 영국의 철학자이자 과학자인 로저 베이컨(Roger Bacon)은 그를 아리스토텔레스 다음으로 위대한 철학자라고 평가했다.

이븐 시나의 《치유의 서》

이븐 시나가 1020년경에 저술한 《의학대전》은 5권 분량의 의학 백과사전이다. 여기에서 그는 그리스뿐만 아니라 인도, 페르시아, 아랍의 전통 의학 지식을 총망라하여 정리한 후 자신의 실험과 임상 경험까지 가미했다. 우리는 《의학대전》을 통해 이슬람 세계에서 의학 역사상 최초로 생리학 연구에 체계적인 실험 시스템이 도입되었고, 전염병과 성병의 감염 경로가 발견되었으며, 전염병 차단을 위한 검역소가 설치되었을 뿐만 아니라 박테리아와 바이러스 개념도 만들어졌음을 알 수 있다. 또한 이 저서에 수록된 인체와 안구 해부도는 당시 이슬람 세계의 외과술이 얼마나 높은 경지에 이르렀는지를 잘 보여 주고 있다.

《의학대전》은 12세기에 아랍어에서 라틴어로 번역된 후 유럽 의학자들 사이에서 선풍적인 인기를 끌었다. 이 저서는 각 항목을 세세하고 체계적으로 설명하고 있을 뿐만 아니라 철학적인 배경까지 언급했기에 더욱 큰 사랑을 받았다. 《의학대전》의 라틴어 번역판은 12세기 이후에도 여러 판본으로 계속 출판되었는데, 1500년까지 무려 16개에 달하는 판본이 인쇄된 것으로 추정된다. 그리고 이 저서는 1650년대까지 유럽의 의과대학교 교과서로 사용되었다. 이 같은 이유로 17세기 무렵 이븐 시나는 히포크라테스와 갈레노스를 제치고 유럽에서 의학의 아버지로 명성을 떨쳤다.

5.
역사학의 패러다임을 바꾼 이븐 칼둔

이븐 칼둔(Ibn Khaldun, 1332~1406년)은 14세기 북아프리카 출신의 무슬림 역사학자였다. 그는 1332년 튀니지의 높은 신분의 가문에서 태어났고, 20세에 튀니지의 궁전 서기로 발탁되어 처음 공직 생활을 시작했다. 14세기 무렵 북아프리카와 스페인의 알안달루스는 왕조의 부침이 빈번했던 혼란의 시기를 겪고 있었다. 그로 인해 이븐 칼둔은 모로코, 스페인의 그라나다, 알제리, 튀니지, 이집트 등지로 옮겨 다니며 책사, 재상, 외교관 등의 주요 공직을 맡아 파란만장한 현실 정치를 몸소 체험했다. 그 와중에 자신이 모시던 군주와 의견이 대립하거나, 역모죄에 연루되거나, 정치적 모함에 시달려 감옥에 갇히는 고초를 겪기도 했다. 그러다가 1375년 무렵 돌연 정치 활동을 중단하고 알제리에 있는 살라마 가문의 성채에서 4년 동안 칩거하며 역사서 집필에 몰두했다. 1377년에 초고를 썼지만 부족한 부분을 계속 수정 보완했고, 마침내 1389년에 십수 년간의 집필 끝에 《성찰의 서: 아랍인과 페르시아인과 베르베르인 그리고 동시대의 위대한 군주의 기원과 사건에 관한 기록》이란 긴 제목이 붙은 역사서를 편찬했다.

《성찰의 서》는 총 3권으로 구성되어 있는데, 2권과 3권은 아랍인, 페르시아인, 베르베르인을 비롯한 세계 각지에 사는 주요 민족의 역사적 사건을 다루고 있다. 1권은 특별히 아랍어로 '무깟디마(Muqaddima)'라는 제목이 붙었는데, 한국에서는 〈역사서설〉로 번역되었다. 〈역사서설〉은 사회집단이나 왕조가 어떻게 흥망성쇠의 과정을 거치는지를 이론적으로 설명하려고 시도한 저서이다. 이븐 칼둔은 세계 각지의 역사를 기술할 때 다양한 자료를 검토했는데, 그때마다 자료의 내용이 모순되거나, 조작되었거나, 과장된 흔적을 발견했다. 여기에서 그는 역사적 사실 가운데 무엇이 진짜이고 허위인지 가려내려면 먼저 보편적인 역사 전개의 법칙을 밝히는 것이 급선무라고 생각했다. 그는 겉으로 보이는 역사적 현상 너머에서 작동하는 법칙을 성찰했으며, 이를 〈역사서설〉에 집약했다. 〈역사서설〉은 과거에 벌어진 사건을 단순히 열거했던 역사 쓰기 방식에서 벗어나 역사 전개 과정을 심층적으로 분석하고 보편적인 작동 원리를 규명했다는 점에서 역사학의 패러다임을 바꾼 저서로 평가되고 있다. 이 같은 점에서 20세기 영국의

튀니지 튀니스에 세워진 이븐 칼둔 동상

역사학자 아널드 토인비(Arnold Joseph Toynbee)는 〈역사서설〉에 대해 "의심할 바 없이, 어느 시대와 장소를 막론하고 이 분야에서 인간 지성이 만든 최고의 작품"이라고 극찬을 아끼지 않았다.

이븐 칼둔은 〈역사서설〉에서 사막이나 농촌에 살았던 야만 부족이 힘을 규합하여 왕조를 일으키는 원동력으로 '아사비야(Asabiyya)'를 언급했다. 보통 아사비야는 혈연 집단 내부 구성원을 하나로 뭉치게 만드는 응집력으로 작동하는데, 종교가 가미되면 그 외연은 더 확장되기도 한다. 그리고 강한 아사비야를 가진 집단은 주변 영토를 정복하여 마침내 새로운 왕조를 건설한다. 그러나 이븐 칼둔은 아사비야가 고정불변하지 않다고 보았고, 그 이유로 왕조는 흥망성쇠의 순환을 반복할 수밖에 없다고 지적했다.

이븐 칼둔의 견해에 따르면, 아사비야는 왕조를 창건한 1세대 시기에 강하게 작동하다가 4세대에 이르러 소진되어 사라진다. 1세대의 구성원은 혈연적 연대감과 종교적 사명감을 바탕으로 서로를 신뢰하고 한마음으로 똘똘 뭉친다. 즉, 그들 사이에는 서로를 응집시키는 아사비야가 강하게 작동하며, 그 덕분에 정주민을 정복하고 왕조를 일으키게 된다. 2세대에 이르러 왕조의 영토는 더욱 확장되고 제도가 정비된다. 하지만 통치 세력은 권력을 독점하기 위해 왕조를 건설하는 데 협력

했던 동료들을 숙청하고 외부에서 전문 관료나 군사를 영입한다. 그러나 통치자와 그들 사이에는 혈연적 연대감이나 공유하는 종교적 이상이 없기에 서로를 결속하는 강한 아사비야가 더 이상 작동하지 않는다.

3세대에 이르러 왕조는 최고의 전성기를 구가하며 예술, 과학, 문화가 꽃을 피우지만, 통치 세력은 도시 문화에 익숙해지면서 내부적으로 아사비야는 오히려 더욱 약해진다. 그리고 4세대에 이르러 통치 세력은 선대가 이룩한 업적을 당연한 것으로 여기고 사치와 향락을 일삼는다. 그들은 향락을 즐기기 위해 막대한 지출을 하게 되고, 이에 필요한 자금을 조달하고자 세금을 늘린다. 하지만 이는 경제 활동이 위축되고 국가의 수입이 계속 감소하는 악순환을 낳는다. 이때 왕조는 아사비야가 소진되어 생존 위기를 맞는다. 왜냐하면 통치 세력은 권력 독점을 위해 외부에서 관료와 군사를 영입했지만, 그들 사이를 유지해 주었던 것은 혈연적 유대감이나 종교적 이상이 아니라 단지 재물이었기 때문이다. 경제 상황 악화로 급료를 못 받게 된 관료와 군사는 더 이상 통치 세력에게 충성을 바쳐야 할 이유가 없으며, 결국 아사비야가 소진된 왕조는 외세의 침입을 받아 종말의 단계를 맞이한다.

6.
위대한 여행가 이븐 바투타

이븐 바투타(Ibn Battuta, 1304~1369년경)는 14세기 무렵 활동했던 북아프리카 출신 무슬림 여행가였다. 그는 30여 년 동안 아시아, 유럽, 아프리카 전역을 누비며 무려 12만km의 거리를 여행했다. 그가 여행한 거리는 마르코 폴로(Marco Polo)보다 자그마치 3배나 긴 것으로 알려져 있다.

1304년 모로코의 지중해 해변에 있는 항구 도시인 탕헤르에서 태어난 이븐 바투타는 여러 명의 법관을 배출한 북아프리카의 명문 가문 출신이다. 그는 22세였던 1325년 메카 순례에 대한 열정과 동방 세계에 대한 호기심으로 첫 여행길에 올랐다. 오랜 여행을 마치고 고국으로 돌아온 이븐 바투타는 모로코의 술탄으로부터 여행기를 저술하라는 명을 받았다. 그는 신학자로서 술탄의 비서였던 이븐 주자이(Ibn Juzayy)에게 자신이 경험한 여행담을 들려주었고, 이븐 주자이는 그 내용을 기록한 후 정리했다. 이런 과정을 거쳐 1355년 역사에 길이 남을 만한 위대한 여행기 한 권이 탄생했다. 그 여행기의 원제는 《여러 도시의 기이함과 여행의 경이로움을 목격한 자의 보록》이지만, 보통 간단히 줄여 《이븐 바투타의 여행기》라고 부른다. 이 여행기에는 이븐 바투타가 직접 목격한 14세기 세계 각 지역의 다양한 종교·경제·정치적 상황, 사회 구조 등이 상세히 묘사되어 있다.

《이븐 바투타의 여행기》는 크게 세 부분으로 나뉜다. 첫 번째는 고향인 모로코의 탕헤르를 떠나 이슬람의 성지 메카에서 순례를 마친 후 바그다드, 이란 남서부, 예멘, 오만, 아프리카 동부, 아나톨리아, 중앙아시아, 인도, 몰디브, 수마트라 등을 거쳐 중국 베이징까지 갔다가 돌아온 25년간의 여정이다. 그는 여행기 첫머리에서 첫 여행의 동기가 메카로의 순례였다고 다음과 같이 언급했다.

"나는 홀로 떠났다. 여행의 지루함을 달래 줄 말벗 하나 없고 위험할 때 의지할 든든한 일행도 없이……. 그러나 내가 떠날 수 있었던 것은 드디어 성지에 간다는 오랜 열망이 압도적으로 날 이끌었기 때문이다."

그는 첫 번째 여행에서 우즈베크 칸의 왕비인 카툰 피론과 동행하여 콘스탄티노플을 방문하기도 했고, 신드(오늘날의 파키스탄에 속한 지역)에서는 코뿔소를 처음 구경하기도 했으며, 인도

이븐 바투타

《이븐 바투타의 여행기》 필사본

의 사티 풍습(남편이 죽으면 그의 아내가 남편의 시체와 함께 산 채로 화장되던 풍습)을 보고는 경악을 금치 못하기도 했다. 한편 중국에 대해서는 "지구의 어느 지역과도 비교할 수 없이 넓고 모든 것이 풍족한 곳"이라고 경탄을 금치 못했다. 그리고 중국의 동부 해안 도시인 취안저우, 항저우, 광저우 등을 방문하여 그곳에 있는 무슬림 집단 거주지, 모스크, 시장 등을 상세히 소개했다.

《이븐 바투타의 여행기》의 두 번째 부분은 고향에 돌아온 뒤 지브롤터 해협을 건너 당시 이슬람 세력이 지배하고 있던 스페인의 말라가와 그라나다까지 다녀온 2년여간의 여정이다. 그는 말라가에서 맛본 석류가 세상 어디에서도 찾아볼 수 없을 정도로 맛이 일품이었다고 극찬했으며, 그곳에서 생산되는 무화과와 감복숭아는 북아프리카까지도 수출된다고 언급했다.

《이븐 바투타의 여행기》의 세 번째 부분은 스페인에서 돌아온 후 다시 3년 동안 아프리카 서부 지역을 다녀온 여정이다. 이 여행에서 그는 시질마사에서 출발하여 대상 무역단을 따라 사하라 사막을 건너 말리 왕국의 팀북투까지 다녀왔다. 그는 사막 모래 밑에서 소금을 채취하는 광경과 여성의 지위가 남성보다 높은 마수파족의 풍속을 소개했다. 그는 말리 사람들이 신앙심 있는 무슬림이었는데도 불구하고 여성들이 거의 벌거벗은 채 다니는 것을 보고 불편한 심경을 토로하기도 했다. 니제르강 강가에서는 처음으로 하마를 직접 보고는 "머리는 말과 비슷하지만 다리는 코끼리와 유사하다"라고 표현하기도 했다.

이븐 바투타의 여행 노정은 14세기 무렵 이슬람 세계의 도시와 지역들이 어떻게 연결되어 있었는지 잘 보여 준다. 어느 지역을 가든 이븐 바투타는 모스크와 지역 성인을 모신 묘당을 찾았고 학자들을 방문했다. 그는 세계 각지의 사람들과 아랍어로 대화할 수 있었고, 여러 곳에서 군주로부터 환대를 받으며 잠깐 공직을 맡기도 했다. 또한 그는 무슬림의 시각에서 이방인들을 관찰하고 그들의 독특한 풍속을 세세하면서도 솔직하게 기록했다. 이 같은 점에서 《이븐 바투타의 여행기》는 현재와 과거를 이어 주는 중요한 시간 여행 길잡이라고 말할 수 있다.

7.
아리스토텔레스 철학을 부활시킨 이븐 루시드

이븐 루시드(Ibn Rushd, 1126~1198년)는 12세기 무렵 이베리아 반도의 알안달루스 지역에서 명성을 떨쳤던 무슬림 철학자로, 서양에서는 라틴어식 이름인 아베로에스(Averroes)로 알려져 있다. 그는 1126년 알안달루스의 문화 중심지였던 코르도바에서 태어났다. 이븐 루시드는 조부와 부친이 모두 코르도바에서 대법관(Qadi)을 역임했을 정도로 가문의 배경이 훌륭했으며, 그 덕분에 당대 최고의 스승 밑에서 법학, 신학, 천문학, 수학, 의학, 철학 등 다양한 학문을 접할 수 있었다.

이븐 루시드는 평생에 걸쳐 약 100권에 달하는 저서와 논저를 저술한 것으로 알려져 있다. 그 가운데는 이슬람 법학파 간의 차이와 그 원인을 소개한 《법 해석자 입문서(Bidayat al-Mujtahid)》와 의학 백과사전인 《의학총서(Al Kulliyat fi al-Tibb)》가 있다. 이 저서에서 그는 파킨슨병의 증상을 세밀하게 묘사하고,

코르도바에 있는 이븐 루시드 석상(출처: Wikimedia Commons)

눈에서 망막이 빛을 인식하는 역할을 한다는 사실을 규명하는 등 의사로서 뛰어난 실력을 보여 주었다.

이븐 루시드는 철학 분야에서 더욱 탁월한 업적을 남겼다. 1169년 무렵 그는 선배 철학자이자 의사였던 이븐 투파일(Ibn Tufayl)의 소개로 무와히둔조(1130~1269년)의 술탄 아부 유수프 야쿱 알만수르(Abu Yusuf Yaqub al-Mansur)를 알현했다. 그 자리에서 이븐 루시드는 술탄으로부터 아리스토텔레스의 철학서를 일목요연하게 설명해 줄 수 있는 책을 저술해 달라는 부탁을 받았다. 그 후 이븐 루시드는 《자연학》, 《형이상학》, 《영혼론》, 《니코마코스 윤리학》, 《시학》, 《범주론》, 《명제론》, 《분석론》 등과 같은 아리스토텔레스의 작품을 다양한 방식으로 소개한 주해서 약 26권을 저술했다. 이븐 루시드가 아랍어로 저술한 아리스토텔레스 작품 주해서는 13세기 무렵 유럽에서 라틴어로 번역되었다. 당시 그의 라틴어 번역 작품을 접한 유럽 학자들은 그를 가장 정통한 아리스토텔레스 철학 해석의 권위자로 인정하여 '주석가(the Commentator)'란 별명을 부여했다.

한편 이븐 루시드는 《부조리의 부조리(Tahafut al-Tahafut)》와 《종교와 철학의 조화에 관한 결정적 논고(Fasl al-Maqal)》를 저술하여 자신만의 독창적인 철학적 사고를 발전시켰다. 당시 보수적인 신학자들은 모든 진리의 원천이 신의 계시 안에 있기 때문에 이성을 진리의 근본으로 삼는 것은 이슬람 교리에 어긋난다고 주장했다. 이에 맞서 이븐 루시드는 "진리는 진리와 모순되지 않는다"라는 주장을 내세웠다. 그의 견해에 따르면, 이성과 계시는 같은 진리를 추구하되, 그것을 표현하는 양상만 다를 뿐이라는 것이다. 다시 말해, 계시의 내용을 담은 종교 경전은 대중을 위해 쉬운 표현으로 진리를 전달하는 방식을 택한 데 반해, 이성적 성찰을 목적으로 삼고 있는 철학서는 대중에게 익숙하지 않은 방식의 표현법을 사용할 뿐이라는 것이다. 따라서 이성과 계시는 겉보기에 간혹 표현 방식에서 모순되어 보일 수 있지만, 실제로 이 두 가지는 같은 진리를 지향하고 있다는 것이다.

이 같은 이븐 루시드의 주장은 중세 암흑기 동안 기독교 신앙에 얽매여 있던 유럽 학자들에게 신선한 충격을 주었다. 그 결과 13~14세기 무렵에는 프랑스와 이탈리아에서 그의 이름을 딴 '라틴 아베로에스주의자(Latin Averroists)'라는 학파가 출현했다. 이들은 유럽이 암흑의 시기에서 벗어나려면 무엇보다도 이성이 종교적 제약으로부터 자유로워져야 한다고 생각했다. 13세기 파리에서 활동했던 라틴 아베로에스주의자 시제루스(Sygerius de Brabantia)는 "이성과 계시는 서로 모순되지 않는다"라는 이븐 루시드의 주장을 변형·발전시켜 '이중진리론'을 설파했다. 여기에서 그는 이성의 영역과 종교의 영역은 서로 다른 것이고, 따라서 철학에 따라 진리인 것이 신학에 따라 그 반대의 것도 진리일 수 있다고 주장했다.

한편 14세기 초 이탈리아의 파도바에서 활동했던 라틴 아베로에스주의자 마르실리우스(Marsilius)는 "종교는 실천적 기능을, 철학은 이론적 기능을 담당한다"라고 주장하며, 철학을 종교의 간섭으로부터 독립시키고자 했다. 이처럼 이븐 루시드의 사상은 유럽인에게 인간 이성이 계시와 독립된 또 하나의 진리의 원천이 될 수 있음을 자각하게 만든 계기가 되었다. 그리고 이 같은 이성에 대한 신뢰 회복은 유럽이 중세 암흑기의 질곡에서 벗어나 르네상스 시기를 맞이하는 데 중요한 밑거름을 제공했다.

8.
발명왕 알자자리

알자자리(Al-Jazari, 1136~1206년)는 이슬람 역사상 최고의 발명가로 손꼽히는 인물이다. 그는 다양한 자동 기계장치를 직접 제작하고, 그것을 제조하는 데 필요한 지식과 기술을 집대성한 저서를 편찬하기도 했다. 이 같은 업적 때문에 알자자리는 이슬람 세계 내부에서뿐만 아니라 서구에서도 현대 토목 공학, 수력학, 로봇 공학의 기초를 세운 인물로 칭송되고 있다.

알자자리의 주요 관심 분야는 오토마타(Automata)였다. 오토마타는 최초의 힘이 가해진 뒤 미리 설정된 프로그램에 따라 일련의 동작을 수행하는 자동 기계장치를 가리킨다. 서양에서 오토마타 기술이 가장 먼저 발전한 곳은 그리스 학문의 중심지였던 이집트의 알렉산드리아였다. 기원전 3세기 무렵 알렉산드리아에서 활동했던 크테시비우스(Ctesibius)는 클렙시드라(clepsydra)라는 자동 물시계를 발명했는데, 이 시계는 부착된 인형이 자동으로 움직이면서 시간을 가리키도록 만들어졌다. 한편 기원후 1세기에 알렉산드리아에서 활동했던 헤론(Heron)은 증기로 축의 바퀴를 돌리는 일종의 증기 기관인 기력구(汽力球, Aeolipile)를 처음 발명하기도 했다.

알렉산드리아에서 발전한 오토마타 제작술은 7세기 이후 이슬람 세계로 전파되었다. 특히 9세기 무렵 압바스조의 7대 칼리파였던 알마으문의 통치기에 이슬람 세계는 학문적 전성기를 맞이했다. 9세기 무렵 압바스조의 수도 바그다드에서는 바누 무사(Banū Mūsā) 삼 형제가 칼리파의 의뢰를 받아 《기묘한 기계장치의 서(Kitāb al-Ḥiyal)》라는 책을 저술했는데, 이 책에는 자동으로 물줄기 모양이 바뀌는 분수, 자동으로 물이 채워지는 그릇, 자동으로 심지가 나오는 램프, 자동으로 연주되는 오르간 등 약 100가지에 달하는 기계장치가 삽화와 함께 소개되었다.

이슬람 세계의 오토마타 제작 기술은 12세기 무렵 알자자리에 의해 절정에 달했다. 알자자리는 아나톨리아와 시리아 국경 지대에 있는 작은 토후국인 아르투크조(1101~1409년)의 궁중에서 활약한 공학 기술자였다. 1206년 그는 《기묘한 기계장치 제작에 관한 유용한 지식과 기술 집대성》이란 기념비적인 책을 저술했다. 이 저서에서 그는 자신이 직접 제작해 본 경험이 있는 기계장치 50가지를 소개했다. 이 저서는 기계장

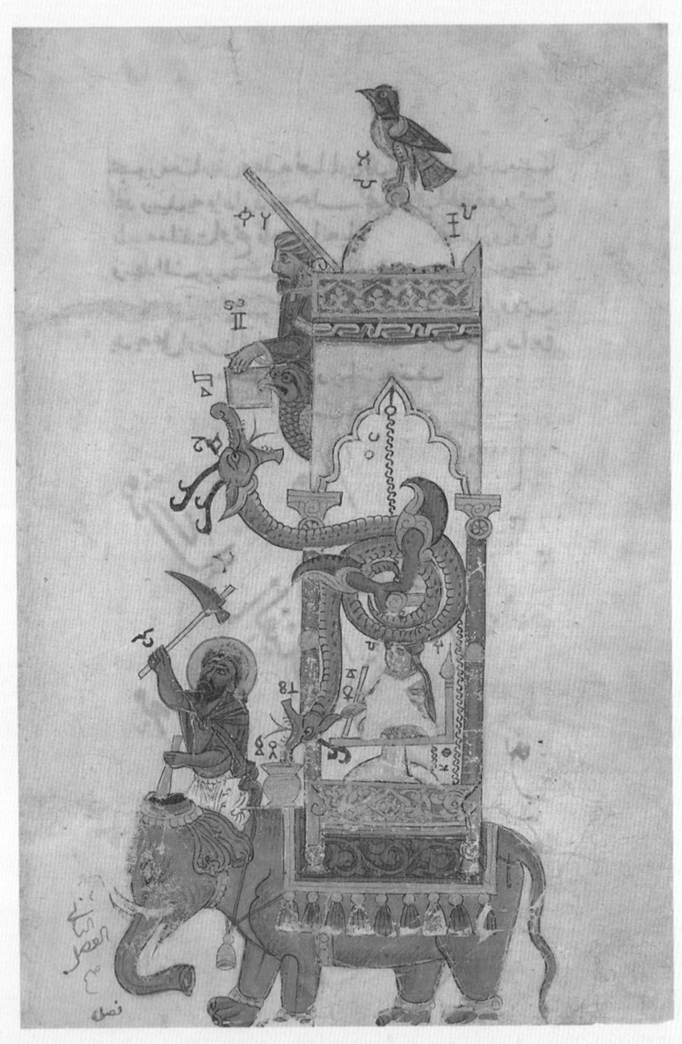

알자자리의 유명한 발명품 중 하나인 코끼리 물시계

치의 제작, 설치, 조립 방법이 삽화와 함께 매우 상세하고 친절하게 설명된 것이 특징이다.

알자자리는 과거 바누 무사 삼 형제가 고안했던 것보다 훨씬 흥미로우면서도 복잡한 기계장치를 다수 발명했다. 알자자리의 발명품 가운데는 물을 따르는 오토마타 인형도 있었다. 이 오토마타는 일정한 시간마다 컵에 물이 가득 담기면 인형이 문을 열고 나와 물컵을 손님에게 대접하도록 설계되었다. 또한 알자자리가 설계한 자동 음악 연주 기계장치는 바누 무사 삼 형제의 것보다 훨씬 정교하고 복잡했다. 알자자리는 한 개가 아닌 여러 개의 인형이 동시에 피리, 하프, 탬버린 등 다양한 악기를 연주하는 오토마타 악단을 만들었다.

알자자리의 발명품 가운데 많은 역사학자가 최고의 백미로 꼽는 것은 코끼리 물시계다. 이 시계는 코끼리 인형 내부의 커다란 물통 속에 작은 용기가 잠기면서 끈을 아래로 잡아당길 때 발생하는 힘으로 구동되었다. 그리고 물시계에 부착된 사람, 새, 용 모양의 오토마타는 일정 시간마다 미리 설정된 프로그램에 따라 움직이거나 소리를 내어 시간의 경과를 알리는 시보장치 역할을 했다.

이슬람 세계에서 진일보한 오토마타 제작 기술은 후대에 동서양의 과학기술 발전에 두루 영향을 미쳤다. 특히 알자자리의 코끼리 물시계는 조선 세종 때 장영실이 제작한 자격루

(自擊漏)에도 간접적으로 영향을 미쳤다. 자격루는 12지신 나무 인형이 일정한 간격으로 시간을 알리는 우리나라 최초의 오토마타 물시계인데, 중국 송나라의 물시계, 비잔틴 제국의 자동장치, 알자자리의 코끼리 물시계 등에서 얻은 아이디어를 종합하여 창조적으로 발전시킨 혁신의 결과로 추정되고 있다.

9.
이슬람 페미니즘 운동의 선구자
파티마 메르니시

파티마 메르니시(Fatima Mernissi, 1940~2015년)는 모로코 출신의 사회학자로, 현대 이슬람 페미니즘의 선구자로 평가받고 있다. 파티마 메르니시는 주로 프랑스어와 영어로 책을 저술했으며, 서구적 시각이 아닌 이슬람의 관점에서 전통적인 가부장주의를 비판하고 무슬림 여성의 권익 증진을 위해 노력했다. 그녀의 학문과 사회적 활동은 이슬람 세계뿐만 아니라 서구 사회에서도 큰 반향을 불러 모았고, 그 공로를 인정받아 2004년 네덜란드로부터 에라스뮈스상(Erasmus Prize)을 받았다.

파티마 메르니시는 1940년 모로코의 페스에 있는 중류층 집안에서 태어났으며, 유년기에는 하렘에서 할머니를 포함한 여성 친척들과 생활했다. 그녀는 모로코의 무함마드 5세 대학교에서 정치학을 전공한 후 파리의 소르본대학교 대학원 과정을 거쳐 1974년 미국의 브랜다이스대학교에서 사회학 박사

파티마 메르니시(출처: Wikimedia Commons)

를 취득했다.

1975년 파티마 메르니시는 첫 번째 작품인 《베일을 넘어(Beyond the Veil)》를 출간했다. 이 저서에서 그녀는 서구 사회가 무슬림 여성을 단순히 이슬람이란 전근대적인 종교의 희생자로만 보는 태도를 질타했다. 그녀는 남녀 불평등의 문제는 특정 종교만의 문제가 아니라 무슬림 여성과 서구 여성 모두가 공통으로 해결해야 할 과제라고 주장했다. 그녀는 무슬림 여성이 히잡을 강요당함으로써 권익을 제한받고 있다면, 서구 여성은 젊음, 미(美) 등과 같은 가치를 사회적으로 주입당하고 있다는 점에서 또 다른 형태의 베일을 강요당하고 있다고 지적했다.

한편 파티마 메르니시는 1987년에 《정치적 하렘(Le Harem Politique)》을, 1991년에 《여성과 이슬람(Women and Islam)》을 저술하여 아스마 바를라스(Asma Barlas), 리파트 하산(Riffat Hassan), 마고 바드란(Margot Badran) 등과 함께 이슬람 페미니즘 운동을 주도했다. 이들은 지난 수십 년 동안 이슬람 세계에서 많은 여성 운동가들이 남녀평등의 가치를 실현하기 위해 노력했음에도 큰 진전을 보지 못한 이유가 서구인들이 개발한 페미니즘 이론을 사회, 윤리, 종교적 환경이 다른 이슬람 세계에 무리하게 도입했기 때문이라고 보았다. 이들은 페미니즘 운동이 무슬림 대중으로부터 호응을 얻기 위해서는 무엇보다 그들의 눈

높이에 맞게 이슬람 전통 내부에서 남녀평등의 가치를 찾는 것이 시급하다고 생각했다.

이슬람 페미니즘 운동가들은 자신들이 지향하는 새로운 페미니즘의 출발점으로 이슬람의 경전인 《꾸란》과 《하디스》의 재해석에 주목했다. 이들은 이슬람 사회에서 여성의 권리가 제한된 이유는 《꾸란》과 《하디스》에 대한 해석이 가부장주의에 찌든 남성 율법학자에 의해 독점되어 왔기 때문이라고 진단했다. 이들은 가부장적 해석을 해체함으로써 《꾸란》과 《하디스》에 담긴 남녀평등 사상을 재발견할 수 있고, 이를 계기로 이슬람의 전통을 유지하면서도 동시에 현대 사회가 요구하는 여성의 권리를 확보할 수 있다고 주장했다.

이 같은 맥락에서 파티마 메르니시는 《정치적 하렘》이란 작품을 통해 여성의 시각에서 《하디스》를 비평하고 재해석해야 한다고 주장했다. 그녀는 예언자 무함마드의 사망 이후 남성 무슬림들이 사회 및 정치적 입지를 강화하기 위한 수단으로 《하디스》 수집에 관여해 왔다고 언급했다. 그리고 가부장적인 남성 학자들이 기득권 유지를 위해 심지어 《하디스》 일부를 위조한 적도 있었다고 지적했다. 파티마 메르니시는 남성 엘리트가 독점해 온 가부장적인 《꾸란》 해석을 해체하기 위해서는 반드시 《하디스》에 대해 엄밀한 학문적 비판의 잣대를 들이대야 한다고 강조했다.

이와 더불어 《여성과 이슬람》에서는 무함마드 시대에 살았던 메디나의 여성들이 오히려 현대 무슬림 여성들보다 훨씬 많은 자유와 권리를 누렸다고 강조했다. 또한 남성들과 논쟁하고, 자기 행복을 위해 투쟁하며, 군사와 정치 업무에 관여했던 메디나 여성들의 사례를 들어 이슬람 초창기에는 남녀평등의 전통이 유지되고 있었다고 지적했다. 파티마 메르니시는 현대 이슬람 사회에서 여성의 지위가 열악한 이유는 일부 남성 무슬림 학자들이 가부장주의 시각에서 경전을 왜곡하여 해석했기 때문이라고 언급하며, 《꾸란》과 《하디스》는 남녀평등의 시각에서 다시 해석되어야 한다고 역설했다.

10.
노벨 문학상 수상 작가 나지브 마흐푸즈

나지브 마흐푸즈(Naguib Mahfouz, 1911~2006년)는 1988년 아랍 세계에서 최초로 노벨 문학상을 받은 이집트 작가이다. 그의 작품은 주로 사회의 부패와 부조리 속에서 고뇌하는 가난한 민중의 삶을 사실적으로 그려 냈다. 또한 그는 인간의 고독, 고뇌, 절망, 소외 등의 문제를 역사주의, 사실주의, 낭만주의, 실존주의를 아우르는 관점에서 묘사했다. 나지브 마흐푸즈는 약 70년에 달하는 세월 동안 작품 활동을 하며, 50편 이상의 소설과 350편 이상의 단편 그리고 10여 편의 시나리오를 썼다. 그가 저술한 작품 가운데 일부는 영화로 제작되기도 했다.

나지브 마흐푸즈는 1911년 카이로의 한 가난한 가정에서 태어났다. 그는 고등학교 졸업 후 푸아드 1세 대학교(후에 카이로대학교로 바뀜) 철학과에 입학하여 1934년에 졸업했고, 이후 이슬람 철학으로 석사 학위를 받았다. 그 후 1939년부터 1954년까지 종교성에서 그리고 1971년 은퇴할 때까지 이집트 정부의 문화 관련 부서에서 근무하기도 했다.

나지브 마흐푸즈는 대학 재학 중인 1932년부터 작품을 쓰기 시작했다. 본격적인 작가 활동을 시작한 뒤 초창기에 해당하는 1938~1945년에는 주로 역사적 주제를 다루는 소설을 집필했다. 특히 이 시기에 쓴 《운명의 장난(Abath al-Aqdar)》(1939), 《누비아의 라도피스(Rhadopis of Nubia)》(1943), 《테베의 항쟁(Kifah Tibah)》(1944)은 역사 3부작으로 불리는데, 모두 고대 이집트 파라오 시대를 배경으로 삼았다.

1945~1957년에는 주로 사실주의적 관점에서 이집트 사회의 모순과 부조리를 다루었다. 이 시기의 대표적인 작품으로는 《신(新) 카이로(Al-Qahira al-Jadida)》(1945), 《미다크 골목(Zuqaq al-Midaq)》(1947) 그리고 '카이로 3부작(Cairo Trilogy)'인 《궁전 길(Bayn al-Qasrayn)》(1956), 《욕망의 궁전(Qasr al-Shooq)》(1957), 《설탕의 거리(Al-Sukkariyya)》(1957) 등이 있다. 이 시기의 작품은 사실에 가까운 상황과 인물의 유형 및 행동을 세심하면서도 객관적으로 묘사한 것이 특징이다. 《미다크 골목》은 1940년대 격변의 시기에 카이로의 가난한 뒷골목에 사는 매춘부, 동성애자, 거지, 신앙심이 깊은 청년 등 다양한 유형의 인물을 통해 인간 내면에 잠재된 모순을 풍자적으로 보여 준다. 그리고 나지브 마흐푸즈의 대표작 가운데 하나로 손꼽히는 '카이로 3부작'

나지브 마흐푸즈

은 1919년 이집트의 독립 운동부터 1945년 제2차 세계대전이 끝나는 시기까지 아버지, 아들, 손자에 이르는 3대의 가족사를 통하여 급변하는 사회의 소용돌이 속에서 벌어지는 세대 간 갈등을 다루었다.

1950년대부터 나지브 마흐푸즈는 사실주의로부터 탈피하여 개인의 내적 세계에 더 관심을 두는 경향을 보이기 시작했다. 1959년에 발표한 《우리 동네 아이들(Awlad Haratina)》은 이 시기의 대표작으로 꼽힌다. 그는 이 작품을 통해 기독교, 이슬람교, 유대교에 등장하는 카인, 아벨, 모세, 예수, 무함마드 등을 한동네에 사는 인물로 설정하여 인류가 겪고 있는 역사적 운명, 세계를 심각하게 갈라놓고 있는 신의 문제, 현대 철학에서 제기되는 신의 죽음의 문제 등과 같은 심오한 주제를 다루었다.

《우리 동네 아이들》은 가장 널리 알려진 나지브 마흐푸즈의 대표작 중 하나로, 아랍 세계는 물론 서구 문학계에서도 높은 평가를 받았다. 하지만 이집트의 보수적인 이슬람주의자들은 이 작품이 《꾸란》에 등장하는 예언자들을 불경스럽게 묘사했다는 이유로 신랄한 비판을 가했다. 이로 인해 《우리 동네 아이들》은 발표 직후 이집트에서 출판이 금지되었다. 1988년 나지브 마흐푸즈가 노벨 문학상을 수상하자 다른 아랍 국가에서는 《우리 동네 아이들》이 출판되었지만 정작 고국인 이집트에서는 2006년까지 출판이 금지되었다. 설상가상으로 이 작품 때문에 1994년 나지브 마흐푸즈는 카이로 자택 근처에서 이슬람 극단주의자에게 칼로 목이 찔리는 공격을 받아 중상을 입었다. 그는 다행히 살아남았지만, 후유증 때문에 평생 오른팔 신경이 손상되어 작품 활동도 제대로 할 수 없었다. 그는 2006년 8월 30일 카이로 시내 병원에서 심장마비로 세상을 떠났다. 그의 장례식은 카이로 교외 나스르시티에 있는 모스크에서 군 의장대가 도열한 가운데 엄숙히 진행되었다.

11.
레바논의 기독교 문학 작가 칼릴 지브란

칼릴 지브란(Khalil Gibran, 1883~1931년)은 레바논 출신의 미국계 작가이자 철학자이지만 우리에게는 1923년 미국에서 출간된 《예언자(The Prophet)》라는 명상적 철학 에세이집으로 더 유명하다. 이 책은 우리나라를 포함해 전 세계 100여 개국에서 번역되어 읽히고 있는 베스트셀러가 되면서 세계적인 명성을 얻었다. 칼릴 지브란은 19세기 말 오스만 제국의 통치를 받던 레바논 브샤리(Bsharri) 마을의 마론파 기독교 집안에서 태어났지만 1895년 가족을 따라 미국 보스턴에 정착했다. 보스턴의 사우스 엔드(South End)에는 당시 미국에서 두 번째로 큰 시리아/레바논계 미국인 공동체가 있었기 때문이다.

칼릴 지브란은 어릴 때부터 미국 보스턴에서 사진, 예술, 그림 등 다방면에 걸쳐 창조적인 능력을 보여 주었다. 15세 때는 다시 레바논으로 돌아와서 마론파 학교에서 잠시 공부하기도 했지만, 주로 미국에서 작품 활동을 하면서 다양한 장르에서 명성을 쌓아 갔다. 1904년 그의 그림이 보스턴에 있는 데이즈 스튜디오에서 처음으로 전시되었고, 1905년 뉴욕에서 아랍어로 된 그의 첫 번째 책이 출판되었다. 미술에 남다른 재능을 보인 칼릴 지브란은 1908년부터 3년 정도 파리에서 미술을 공부하기도 했다.

초창기 지브란의 작품은 대부분 아랍어로 출간되었다. 그러다가 1918년 이후에 본격적으로 영어로 집필하기 시작했다. 영어로 된 그의 첫 번째 책은 1918년에 출간된 《광인(The Madman)》이었다. 이 책은 기독교 문화를 배경으로 성서적 운율을 따른 경구와 비유를 담으면서 많은 사람의 관심과 사랑을 받았다. 무엇보다 그의 작품들이 영적인 사랑이라는 주제를 즐겨 다루면서 종교와 문화를 초월해 독자층을 넓혀 갔다. 그의 대표작 《예언자》는 스물여섯 편의 시적인 산문으로 구성되었다.

칼릴 지브란은 1931년 미국 뉴욕에서 48세의 나이에 병으로 사망했고, 그의 시신은 그의 뜻에 따라 출생지인 브샤리에 묻혔다. 그곳에는 지브란의 무덤뿐만 아니라 지브란 박물관도 함께 건립되었다. 베이루트에는 칼릴 지브란 정원이 조성되었고, 칼릴 지브란 스키 활강 코스까지 명명될 정도로 레바논의 국가 브랜드 아이콘이 되었다. 그는 비록 무슬림은 아니

레바논 브샤리에 세워진 지브란 박물관(상)
칼릴 지브란(하)

었지만, 아랍인으로서 아랍어 작품도 출판하면서 지브란만큼 세계적인 명성을 얻은 작가도 없을 것이다. 많은 유럽 작가들이 그를 "20세기 초 아랍 시와 문학에 가장 중요한 영향을 끼친 작가"로 평가하고 있으며, 당연히 레바논에서도 최고의 아랍 작가로 칭송받고 있다. 나아가 독특하고 창조적인 그의 미술 작품들도 많은 나라에서 좋은 평가를 받고 있다.

전 세계 독자들로부터 사랑받는 지브란의 작품 세계에는 레바논이라는 다문화 공존의 사회가 갖는 관용과 융합, 다양성과 종교적 다원성 요소가 깔려 있다. 이슬람에서 마론파로 개종한 외가의 영향은 물론, 아랍어와 시리아어로 기술된 성서 공부도 열심히 하면서 언어적 자질을 높였던 것도 그의 성공 요인이었다. 지브란의 마지막 작품은 1931년에 출간된 《대지의 신(The Earth Gods)》이었다.

12.
아랍이 낳은 불멸의 외교관 부트로스-갈리 유엔 사무총장

제6대 유엔 사무총장(1992~1996년)을 지낸 부트로스 부트로스-갈리(Boutros Boutros-Ghali, 1922~2016년) 박사는 이집트 외교관 출신이다. 그의 할아버지는 이집트 총리를 역임한 부트로스 갈리 베이(Boutros Ghali Bey)이며, 그의 이름도 할아버지에게서 따왔다. 그는 재무장관을 지낸 아버지와 저명한 역사가 집안 출신인 어머니 사이에서 태어났다. 부트로스-갈리는 카이로대학교에서 법학을 공부한 후 파리대학교에서 국제법으로 박사학위를 취득하였으며, 1950년대에는 미국 컬럼비아대학교에서 풀브라이트 연구학자로 활동하였다.

부트로스-갈리는 1949년부터 약 30년간 카이로대학교에서 국제법과 국제정치학을 가르쳤으며, 이후 14년간 이집트 외교 담당 국무장관으로 재직했다. 1977년 안와르 사다트(Anwar Sadat) 대통령의 역사적인 이스라엘 방문 시 수행하였으며, 이집트 대표단을 이끌고 중동 평화 협상에 참여하여 이듬해 그 유명한 캠프 데이비드 협정을 이끌어 냈다.

그는 어쩌면 유엔이 찾던 최적의 자격을 갖춘 사무총장 후보였다. 지역 순으로 돌아가던 사무총장 자리가 1992년 무렵에는 마침 아프리카 차례였고, 국제적 위상에 비해 한 번도 사무총장을 배출할 기회가 없었던 아랍권의 대표 주자였다. 여기에 사무총장 자격으로서 프랑스가 요구하는 프랑스어 구사능력, 풀브라이트 장학생으로서의 미국 유학 경험, 1978 캠프 데이비드 협정 타결로 보여 준 중동 정치를 다루는 실력 등 사실 모든 요소를 완벽하게 갖추고 있었다. 어쩌면 태어날 때부터 유엔 사무총장으로 점지된 인물로 여겨질 정도였다.

부트로스-갈리는 1992년부터 1996년까지 유엔 사무총장직을 맡았다. 그는 1990년대 초 냉전이 종식되고 공산권이 몰락하면서 국제정세가 혼미하던 시기에 '평화를 위한 어젠다'를 제시하면서 유엔의 평화유지 활동과 인도적 구호 역할을 높이기 위해 전력을 다했지만 성과는 변변치 않았다. 그는 강대국들의 압력에 맞서면서 유엔의 독립성 수호를 위해 노력하다가, 급기야 빌 클린턴 미국 정부와 마찰을 빚게 되었고, 결국 유일하게 연임에 실패한 사무총장이라는 오명을 남겼다.

그는 소신을 굽히지 않고 직언하는 성격이었다. 심지어 유엔 사무총장 임명에 강력한 영향력을 행사할 수 있는 초강대

부트로스-갈리(출처: www.un.org)

국인 미국을 상대로도 소신 있는 발언을 이어 갔다. 그래서 미국과 자주 사안에 대한 입장이 갈리게 되었다. 미국은 보스니아 사태에 대한 유엔의 개입 문제, 소말리아에 유엔 평화유지군으로 참전했던 미군 병사들의 희생, 수렁으로 빠져 버린 앙골라 사태, 르완다에서 발생한 114만 명 대학살 사건, 쿠웨이트 침공 후 이라크 사담 후세인 정권에 대한 제재 문제, 지지부진했던 유엔 개혁 등을 구실로 부트로스-갈리의 역할에 대해 공공연히 비난했다. 그는 이에 맞서 미국이 유엔 분담금도 제대로 납부하지 않으면서 유엔을 비난만 한다고 몰아붙였다. 1999년에 발간된 그의 자서전에서도 "로마 제국에 외교가 필요 없었듯 미국도 마찬가지다"라며 미국에 대한 불편한 감정을 숨기지 않았다.

그는 성난 군중을 향해서도 소신을 굽히지 않고 직언했다. 분쟁 지역을 방문할 때도 경호 요원이 허락하면 과감히 군중 속으로 들어가 소신을 밝혔다. 보스니아 사태의 학살 현장에서 "여기보다 사망자가 더 많은 곳이 있다"라며 현장의 불만을 야기하는 발언을 서슴지 않았으며, 아프리카의 위험한 군중집회 속에서도 "소말리아인끼리 계속 싸우면, 세계가 소말리아 문제를 외면할 수 있다"라며 성난 군중에게 강단 있는 발언으로 경고했다.

부트로스-갈리의 직설적인 성격은 여기저기서 미움도 많이 샀고, 어쩌면 그것이 결국 유엔 사무총장 연임을 실패하게 하였는지도 모른다. 당시 매들린 올브라이트(Madeleine Albright) 주유엔 미국대사(1993~1997년 역임)는 부트로스-갈리 사무총장의 연임을 공공연히 반대한다고 밝혔다. 사무총장 선출 문제는 안보리에서 우선적으로 다루는데, 상임이사국 5개국 중 한 나라도 반대하면 안 된다. 미국의 반대가 워낙 강하다 보니 결과는 뻔한 일이었다. 그래도 안보리 15개 이사국의 의사를 미리 파악해 보는 비공식 투표(Straw Poll)가 실시되었다. 비상임이사국의 일원으로서 투표에 참여하는 우리나라도 고민이 깊었다. 당시 박수길 주유엔 대사는 부지런히 본부와 입장을 조율해야 했고, 다른 이사국들의 반응도 살폈다. 투표 결과는 14:1로 미국만 반대했지만, 상임이사국의 반대였기에 부결되었다. 결국 부트로스-갈리는 연임의 꿈을 접어야 했고, 가나 출신의 코피 아난(Kofi Annan) 사무총장이 그의 뒤를 잇게 되었다.

한승주 장관의 회고록에 나오는 그와 관련된 에피소드 한 토막을 소개한다. 부트로스-갈리 의장이 주재하는 유네스코

프로젝트 회의장에 시위대가 들이닥쳤다. 당시 이집트 대통령 선거에 출마한 야권 후보 한 명이 구속된 데 대해 그 지지자들이 항의하러 온 것이다. 그들은 당장의 문제도 해결하지 못하면서 한가하게 민주주의 담론이나 나눌 수 있느냐고 외쳤다. 이집트 대표가 정부 입장을 대변하면서 맞서자 회의장은 금세 쑥대밭이 되었다. 이에 부트로스-갈리 의장이 마이크를 잡고 조용한 목소리로 발언하기 시작했다. 이 회의의 목적이 바로 이집트뿐만 아니라 중동 지역 전체에서 민주적이며 공정하고 자유로운 선거를 보장하기 위한 것이니, 한가한 담론을 나누는 것이 아니라는 논리를 편 것이다. 시위대의 분노가 서서히 가라앉았고 회의장은 질서를 회복하였다. 부트로스-갈리는 본래 마음이 따뜻하고 호소력을 지닌 인물이다. 명료한 사고체계에 확신과 신념, 그리고 불굴의 의지가 감싸고 있었다. 명불허전이라 했던가? 아랍이 낳은 불멸의 외교관으로 평가되는 이유다.

2016년 부트로스-갈리가 93세의 나이로 세상을 떠났을 때 당시 반기문 유엔 사무총장이 "유엔 역사상 가장 혼란스럽고 도전을 받았던 시기에 취임하여 유엔의 구호 활동과 독립성을 위해 힘썼다"라고 평하였듯, 그는 강대국으로부터 유엔의 독립성을 지키는 노력을 주저하지 않았다. 이슬람교도가 다수인 아랍 국가에서는 종교의 자유가 보장되어 있으며, 이집트에서는 기독교도가 인구의 약 9%를 차지한다. 부트로스-갈리는 이집트 기독교인 콥트 정교회 신자였다. 그의 이름 중 '부트로스'는 베드로(Peter)의 아랍식 발음이다. 2016년 그의 장례식도 이집트의 콥트 정교회에서 거행되었다.

쉬어가는 이야기

필자(마영삼 대사)가 경험한 부트로스-갈리 유엔 사무총장

에피소드 1

부트로스-갈리와 반기문 전 유엔 사무총장

부트로스-갈리는 한국을 사랑했고, 자신의 오랜 외교 경험을 바탕으로 한국 외교사 발전에 기여해 왔다. 유엔 사무총장을 꿈꾸던 반기문 외교장관은 출사표를 던지고 부트로스-갈리 전 총장을 찾았다. 부트로스-갈리는 사무총장 선거에서 승리하려면 우선 지역별 정상회의에 참석하라는 소중한 조언을 해 주었다. 그의 소개로 알게 된 아랍연맹[Arab League, AL]의 아무르 무사[Amr Moussa] 사무총장이 반기문 후보를 아랍연맹 정상회의에 초청하였고, 반 후보는 멀리 수단 하르툼으로 날아갔다.

부트로스의 조언은 주효했다. 4명의 사무총장 후보 중 이 회의에 참석한 사람은 반 후보가 유일했다. 자연스레 반 후보의 독무대가 펼쳐졌고 그는 여기서 '아랍 후보'라는 별명과 함께 지지를 얻었다. 또한 반 후보는 부트로스-갈리의 조언대로 아프리카연합[African Union, AU] 의장인 알파 우마르 코나레[Alpha Oumar Konaré] 전 말리 대통령에게 연락하였고, 2006년 7월 감비아의 수도 반줄에서 개최된 아프리카연합 정상회의에 초청받았다.

당시 외교부 아프리카중동국장이던 필자는 반 장관을 수행하여 세네갈을 거쳐 감비아 반줄에 도착하였다. 53개국 정상과 대규모 수행원들이 한꺼번에 몰려 호텔과 주변 교통이 몹시 붐볐다. 우리 대표단도 몇 개의 방을 배정받았으나 에어컨이 설치된 곳은 반 장관의 방 하나였다. 적도 인근 지역에서 한여름 7월의 푹푹 찌는 날씨였기에 우리 수행원들은 염치 불고하고, 잠자는 시간 외에는 반 장관의 방에서 나오지 않았다.

이곳 정상회의에서는 모든 후보가 나타나서 치열한 득표전이 전개되었다. 그런데 정상회의 개막식에 참석하려고 아침 일찍 호텔을 나와 차를 탔는데 도로가 꽉 막혀 있었다. 이때 우리 차의 바로 앞에 VIP 자동차 의전 행렬인 모터케이드가 경찰 사이드카 호위를 받으면서 질주해 나갔다. 우리 차도 그 뒤에 바싹 따라붙어 회의장까지 쉽게 빠져나갈 수 있었다. 모터케이드에는 도대체 누가 탔을까? 그 차량에서 코피 아난 유엔 사무총장이 내렸다. 이어서 반 후보가 내렸다. 아니 이게 웬 행운의 징조란 말인가?

이처럼 부트로스-갈리 전 총장의 조언으로 아랍과 아프리카에 공을 들인 반 후보는 15개 안보리 이사국 중 중동 및 아프리카 지역 4개 이사국(카타르, 탄자니아, 가나, 콩고공화국)의 지지를 가장 먼저 확보함으로써 일단 유리한 고지를 점할 수 있었다.

에피소드 2

부트로스-갈리의 닮은 꼴 한승주 전 외교부 장관

같은 학자 출신으로 외교계에 진출했던 한승주 전 외교장관은 부트로스-갈리와 공통점이 많았고, 그래서 두 사람의 관계는 각별했다. 1993년 북한 핵 문제가 표면으로 불거져 나오자 한 장관은 부트로스-갈리 사무총장을 찾아 협조를 요청했다. 분쟁 지역 협상 경험이 있던 부트로스-갈리 사무총장은 한 장관의 설명을 주의

깊게 듣고 이해를 표하면서 평화적이고 외교적인 해결을 위해 자신의 권한 내 모든 노력을 다할 것을 약속했다. 1994년 그는 한반도 문제의 중재자 역할을 자청하며 남북한을 동시 방문했다. 물론 북한의 비협조로 큰 성과를 거두지는 못했지만, 부트로스-갈리 사무총장은 언제나 열과 성을 다하는 진지한 자세를 견지했다.

1995년 한 장관이 하버드대학교에서 강의하고 있을 때 부트로스-갈리는 그에게 사이프러스 문제에 관한 사무총장 특별대표Special Representative 임명을 제안해 왔다. 한 장관의 능력과 인품, 그리고 분쟁국 외교장관으로서의 경험이 사이프러스 문제 해결에 도움이 될 것이라는 판단에서였다. 사실 사이프러스 문제는 매우 풀기 어려운 과제였다. 그러나 한 장관은 부트로스-갈리의 사려 깊은 배려와 존경심에서 이 과업을 떠맡았다.

04

아랍의 문화 예술

A R A B

1.
신을 생각하는 곳, 모스크

이슬람 세계 건축은 크게 종교 건축과 세속 건축으로 분류한다. 종교 건축 중 가장 대표적인 것이 바로 모스크(Mosque)이다. 모스크는 무슬림이 예배를 드리는 공간으로, 하루에 다섯 번 예배를 봐야 하는 무슬림의 삶에서 결코 분리할 수 없는 공간이다.

모스크의 시작은 예언자 무함마드의 집이었을 것으로 추정한다. 메카에서 메디나로 이주한 후, 메디나에 새로 마련한 무함마드의 집이 모스크의 기능을 수행하였을 것이고, 이때의 건축 양식과 구조, 요소가 후대에 전해진 것으로 여겨진다. 물론 이슬람 세계가 서쪽으로는 스페인과 포르투갈이 위치한 이베리아반도에서 동쪽으로는 중국 서쪽에 이르기까지 넓은 지역으로 퍼지면서 1,400년이 넘는 역사를 간직하고 있기에 시대와 지역에 따라 건축 양식의 변화는 존재한다. 그러나 사

다마스쿠스 대모스크(우마이야 모스크)

람들이 모여 예배를 드릴 수 있는 공간이라는 원래의 목적에 충실한 공간으로서 모스크는 현대 사회에서도 동일한 기능을 수행하고 있다.

이슬람 세계에서 도시가 발달할 때 먼저 건설되고, 도시의 중심 역할을 하는 건축물 역시 모스크이다. 따라서 한 지역, 도시에서 가장 큰 모스크를 지칭하여 영어로 Great Mosque, Congregational Mosque, Jami Mosque, Friday Mosque라고 한다. 일반적으로 모스크에는 자체 명칭과 함께 도시 명칭이 덧붙여진다. 대표적인 예로 시리아의 다마스쿠스 대(大)모스크와 스페인의 코르도바 대(大)모스크를 들 수 있다. 일반적으로 종교 지도자라 할 수 있는 이맘(Imam)이 상주하고, 하루 다섯 번의 정기 예배를 드릴 수 있는 곳을 모스크라고 칭한다. 이보다 작은 규모의 예배 공간이나 공항, 기차역, 대학, 병원과 같은 공공 건축에 설치된 수니 무슬림들의 집회 공간은 무살라(Musalla)라고 한다. 시아파에서는 무함마드의 외손자 이맘 후세인을 기리는 특별한 의례와 함께 모임 장소로 알려진 후세이니야(Husainiyyah)가 있다. 그러나 이 역시 정확하게 이들 공간을 구분 짓는 기준은 아니며, 지역과 무슬림 공동체의 규모 등에 따라 호칭 역시 다르게 사용한다.

모스크를 방문하여 볼 수 있는 주요 구성 요소로는 미흐랍(Mihrab), 미나렛(Minaret), 민바르(Minbar), 중정(Courtyard), 우두

(Wudu) 시설(세정 시설), 돔(Dome)이 있다.

무슬림은 누구나 사우디아라비아의 메카를 향해 예배를 드려야 한다. 따라서 모스크 안에 들어가서 메카 방향을 확인할 수 있어야 하는데, 메카 방향을 가리켜 키블라(Qibla)라고 칭하며, 이를 알려 주는 벽감 장식이나 표식을 미흐랍이라고 한다. 규모가 큰 모스크일수록 미흐랍 규모도 커지며, 규모가 아주 큰 모스크의 경우 한쪽 벽면 전체가 미흐랍 역할을 하기도 한다. 대규모 건축 사업으로 모스크를 건설했던 경우 주변 건물의 건설 방향과 다르게 틀어진 모습을 하고 있기도 한데, 이 같은 모습이 바로 키블라 방향을 맞추기 위한 작업이다. 또한 규모가 작은 모스크에서는 모스크 입구와 건물의 방향이 틀어져 있기도 한데, 이 역시 키블라 방향을 맞추기 위한 장치이다.

미나렛은 모스크의 위치를 알리고, 예배 시간을 알리는 아잔(Azan)을 널리 퍼뜨리기 위한 구조적 장치로, 모스크 건축에서 가장 높은 건축 구조물이다. 튀르키예 지역에서는 뾰족한 연필심 같은 모습을 하고 있고, 북아프리카에서는 직육면체의 투박한 탑과 같은 형태를 보이며 하단부에는 사람들이 드나들 수 있는 공간을 만들어 두기도 하였다. 이란에서는 거대한 아치형 구조물인 이완(Iwan)을 세우고 그 주변을 사각형 구조물로 덮은 피슈타크(Pishtaq) 형태를 보이기도 한다.

모스크 내부 구조물로는 설교자가 사용하는 설교단인 민바

튀르키예 이스탄불의 쉴레이마니예 모스크(Suleymaniye Mosque)

르가 있고, 모스크의 마당 역할을 하며 사람들이 드나들고 예배를 볼 수 있는 공간이기도 한 중정이 있다. 예배에 앞서 반드시 얼굴, 손, 발을 씻는 세정 의식(우두)을 해야 하는 무슬림을 위해 세정 시설도 존재한다. 모스크의 외부 장식 요소 중에 가장 눈에 띄는 것은 돔일 것이다. 돔은 이슬람 건축에서 가장 광범위하게 사용되는 건축 요소이다.

모스크는 종교 시설이기 때문에 건축물을 장식할 때 사람이나 동물의 형상을 활용하지 않는다. 세속 건축 및 회화 작품에서는 사람이나, 《꾸란》에 나오는 구절이나, 이슬람의 정체성을 가장 잘 드러내는 문구를 활용한 명문 장식(Inscription)을 주요 장식 요소로 활용한다.

모스크는 종교가 생활의 중심이 되는 무슬림의 삶에서 떼려야 뗄 수 없는 가장 중요한 장소이다. 따라서 모스크는 과거 역사 속에서도, 현재에도, 앞으로 등장할 미래의 어느 시점에서도 무슬림들이 자신의 종교성을 표출하고 종교 생활을 영위하기 위한 가장 중요한 장소일 것이다.

2.
인간적 욕망과 이슬람 사이에서,
이슬람 세속 건축

이슬람 건축에는 모스크 외에 또 다른 축으로 세속 건축이 있다. 세속 건축의 종류로는 왕궁, 별장, 급수대, 성채, 숙박 시설인 카라반세라이(Caravanserai), 목욕탕 등을 꼽을 수 있다.

세속 건축의 가장 큰 특징은 장식 표현의 자유일 것이다. 이슬람 초기 시대에 건설된 것으로 알려진 건축물을 살펴보면, 일반적으로 이슬람 세계에서는 그림을 그리지 않는다고 알려진 것과 달리 사람이나 동물의 형상을 장식 요소로 사용한 것을 확인할 수 있다. 특히 초기에는 이슬람 세계만의 특징적인 회화적 요소를 구축한 것이 아니라 비잔틴 제국의 귀족들이 누렸던 문화적 요소를 그대로 수용하여 무슬림 상위 계층도 비슷하게 누린 것을 확인할 수 있다.

종교적 색채가 강했던 만큼, 역설적으로 종교적 정통성과 정당성을 강하게 표출하지 않아도 되었던 수도에서 떨어져

8세기 초 우마이야조에 세워진 궁전 쿠세이르 암라(Quseir Amra)에 그려진 천장화

있는 별장이나 대중에게 공개되지 않는 공간에는 다양한 장식적 요소가 가득한 건축물을 건설한 것이다. 다시 말해, 많은 사람이 이용하는 급수대나 카라반세라이 같은 숙박 시설은 여전히 사람이나 동물의 형상이 아닌, 모스크 건축에서 많이 사용되는 여러 패턴을 활용해 장식했으나, 지극히 개인적인 공간에는 다양한 장식 요소를 활발하게 사용하였다.

세속 건축 중에서 현재까지 원형에 가깝게 남아 있고, 수많은 관광객이 찾고 있는 궁전(사라이, Sarayi) 두 곳을 간략히 소개한다. 하나는 튀르키예 이스탄불에 있는 톱카프 궁전(Topkapi Sarayi)이다. 이스탄불을 구성하는 여러 개의 언덕 중 한 곳에 있어, 궁을 찾아가려면 제법 가파른 언덕을 타고 올라가야 한다. 톱카프 궁전은 오스만 제국(Ottoman Empire, 1299~1922년) 초기부터 오스만 제국이 쇠락하는 시기에 건설한 돌마바흐체 궁전(Dolmabahçe Sarayi)이 완공되기 전까지 사용한 궁이다. 이슬람 세계에서 가장 강력한 권력을 행사하고 최전성기를 구가하며 가장 넓은 영토를 가졌던 오스만 제국의 궁전이라고 하기에는 생각보다 크거나 화려한 느낌이 없다.

궁전으로 들어가는 문도 규모가 작고 허락된 소수의 사람만 드나들 수 있도록 만들어 놓은 듯한 모양새를 하고 있다. 궁전 내부 역시 지구상의 다른 어떤 왕조의 궁전과 비교해 보아도 특출하게 규모가 크거나 웅장하지 않으며 화려한 모습

톱카프 궁전(상), 이스파한의 마이단 이맘 광장(하)

을 찾아보기 어렵다.

이는 오스만 제국이 추구하던 권력의 형태와 그 의미가 닿아 있다. 오스만 제국은 보이지 않고 드러나지 않아도 강력한 권력을 추구하였다. 따라서 사람들한테 통치자가 모습을 보이지 않아도, 존재한다는 상상만으로도 강하고 힘 있는 권력이 진정한 권력이라 여겼다. 이런 정치관에 따라 통치자가 거주하는 공간 역시 외부로 드러나거나 화려하게 치장할 필요가 없었다. 통치자 역시 꾸준하게 대중에게 모습을 드러내기보다는 최대한 절제되고 제한된 상황에서만 소통하는 모습을 보였다.

이와 대조적인 모습을 보인 곳은 오스만 제국과 동시대에 존재했던 현재 이란 지역을 통치한 사파비 제국(Safavid Empire, 1501~1736년)이었다. 사파비 제국은 오스만 제국과 반대로 자신을 드러내고 대중과 소통하는 권력을 중요시했다. 사파비 제국의 수도였던 이스파한(Isfahan)에는 마이단 이맘(Maidan Imam)이라고 불리는 이맘 광장이 있다. 마이단 이맘 광장을 중심으로 두 채의 모스크와 왕궁 입구로 통하는 사열단이 있다. 왕궁은 현재 원형이 남아 있지 않다. 사파비 왕조의 통치자는 왕궁에 오랫동안 머물기보다는 자신이 통치하는 지역을 돌아다니며 영토를 점검하고 정복 전쟁을 하는 삶을 살았다고 한다. 왕궁 그 자체보다 광장을 십분 활용하여 광장에서 다양한 행사를 하고 대중과 소통하는 권력의 모습을 보여 주었다.

이처럼 세속 건축은 건축물을 사용하는 사람들의 의식과 관점을 그대로 표출한다. 이슬람 세계의 세속 건축 역시 다른 문화권에서와 마찬가지로 종교 금기와 규율에 얽매이지 않고 자신들의 권력과 힘, 능력을 표출하는 수단으로 활용되었다.

3.
신의 말을 기록하는 《꾸란》 필사본

이슬람 세계의 건축과 유사하게, 이슬람 세계의 회화에도 종교와 세속을 아우르며 발달한 영역이 있다. 종교 영역에서 발달한 대표적인 예술로는 《꾸란》 필사본(Quran Manuscript)이 있다. 이슬람 세계의 경전인 《꾸란》을 옮겨 적은 것을 의미한다.

《꾸란》은 예언자 무함마드가 하느님(알라)에게 받은 계시를 적어 놓은 책이다. 무슬림은 약 23년여간에 걸쳐 예언자 무함마드에게 《꾸란》이 계시되었다고 믿는다. 무슬림에게 《꾸란》은 단순히 계시를 문자로 옮겨 놓았다는 의미를 넘어 《꾸란》 그 자체가 하느님의 말씀이라고 믿는다. 따라서 《꾸란》은 무엇보다도 신성한 존재로 여겨지며, 《꾸란》을 있는 그대로 옮겨 적는 것 역시 아무나 할 수 없는 작업이자 예술적 영역이었다.

《꾸란》이 지금과 같은 내용으로 성문화된 것은 3대 정통 칼

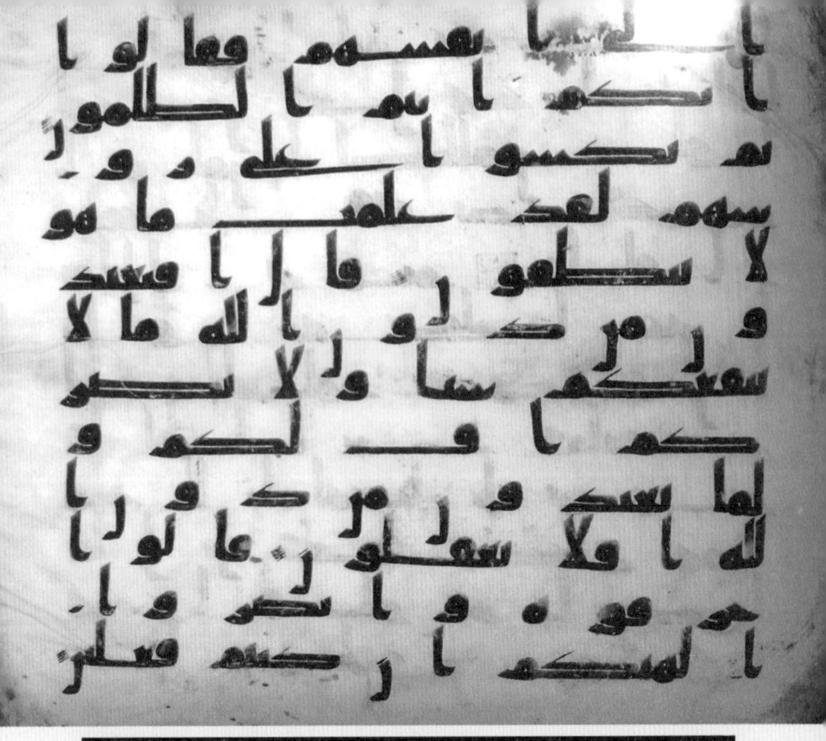

쿠픽체로 쓰인 최초의 《꾸란》(상), 히자즈체로 쓰인 《꾸란》(하)

리파인 우스만(Uthman)의 재위 기간(644~656년)이었다. 이 시기에 정립한 《꾸란》 정본이 현재까지 전해지고 있으며, 후대에 장과 절의 구분, 모음 부호의 사용 정도만 변화가 있었다.

《꾸란》 필사본에 사용된 서체는 시대와 지역에 따라 다양하다. 후대로 갈수록 체계화되고 화려한 서체와 함께 장식 패턴도 많이 사용되었다. 초기의 경우 히자즈체(Hijazi script), 쿠픽체(Kufic script) 등이 널리 사용되었다.

《꾸란》을 필사한 재료 역시 다양하다. 종이가 유입되기 이전에는 어린 양의 가죽으로 만든 양피지에 《꾸란》을 기록하였다. 종이가 유입된 이후에는 질 좋은 종이를 사용하여 《꾸란》 필사본을 만들었고, 이를 후원하는 것은 후원자의 정치적 역량과 경제력, 종교성을 뽐내는 데 유용하게 활용되었다.

2015년, 현존하는 《꾸란》 필사본 중 가장 오래된 것으로 추정할 수 있는 필사본을 버밍엄대학에서 공개하였다. 방사성 연대 측정을 통해 제작 연대를 추정하였는데, 양피지 제작 연대가 568~645년으로 추정됨에 따라 예언자 무함마드의 생존 시기(570~632년)나 사망 직후에 제작되었을 가능성이 있다. 그러나 초기 필사본의 철자와 내용을 분석한 학자들을 중심으로 양피지의 탄소 연대는 무함마드 생존 시기와 일치하지만, 《꾸란》 구절이 우스만 판본을 따르고 있음을 보아 우스만 판본 이후에 제작된 것이라는 주장도 있다. 양피지는 재사용할

《꾸란》 구절의 캘리그래피(상), 버밍엄대학이 발견한 《꾸란》 필사본(하)

수 있기 때문에 이 같은 주장에 힘이 실리기도 한다. 《꾸란》 중에서 18~20장의 일부를 기록한 부분이 발견되었고, 히자즈체로 쓰여 있다. 양피지에 잉크로 기록하였고, 낱장의 크기는 가로 258cm, 세로 343cm이다. 《꾸란》의 장을 구분하는 선형 장식이 있고, 각 절이 끝나는 부분은 점으로 표기하였다.

버밍엄 판본 외에 현존하는 가장 오래된 《꾸란》 사본으로 인정하는 또 하나의 필사본으로 사나(Sana'a)본이 있다. 1972년 예멘 사나 지역에서 대모스크를 복원하는 도중에 발견되었다. 《꾸란》은 신성하기 때문에 함부로 파쇄하거나 태우거나 버릴 수 없다. 따라서 낡고 파손된 《꾸란》은 모스크 건물의 천장과 본 건물 사이 공간에 모아 두었다. 아랍 지역의 날씨가 덥고 건조함에 따라 일부 《꾸란》 필사본은 썩지 않고 현재까지 전해질 수 있었다. 사나 판본 역시 이런 과정을 거쳐 다른 시대의 《꾸란》 필사본 조각과 함께 발견되었다. 이 역시 양피지에 기록하였고, 방사성 탄소 분석 결과에 따르면 671년 전에 제작되었을 가능성이 99%에 달한다. 《꾸란》의 내용은 두 부분으로 나뉘어 전반부는 우스만 판본과 일치하고, 후반부는 이와 다른 형태를 하고 있다.

필사본 중 이슬람 세계에서 가장 유명한 필사본으로 꼽히는 작품은 9세기 말~10세기 초에 북아프리카에서 제작한 블루 꾸란(Blue Quran)이다. 푸른색으로 염색한 양피지에 금색 잉크를

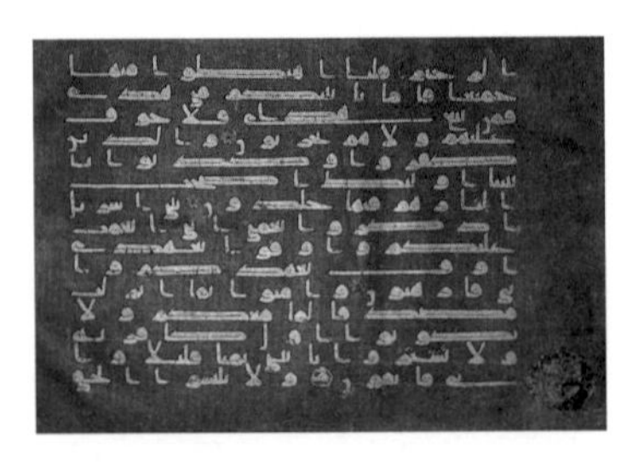

블루 꾸란

사용해 《꾸란》을 기록하였고, 서체는 쿠픽체를 사용하였다. 카이로우안 대모스크에서 사용하기 위해 파티마 왕조에서 제작하였을 것으로 추정된다. 필사본에 사용한 푸른색 양피지와 금색 잉크는 비잔틴 제국 문화에서 영향을 받은 것으로 보이는데, 비잔틴 문화에서 푸른색은 고귀하고 성스러움을 상징한다. 각 줄의 길이를 동일하게 맞추기 위해 글자의 길이를 다르게 하였고, 글자 자체(字體)를 제외한 표식을 생략하였다. 절과 절 사이에 은색 원형 장식을 사용해 구분하였으나 현재는 뚜렷하게 알아보기 어려운 상태이다.

《꾸란》 필사본은 이슬람 초기부터 근현대 시기에 이르기까지 꾸준하게 제작되었다. 모스크와 마찬가지로 후원자의 종교성을 표출하기 위한 좋은 도구였으며, 신자의 종교적 사명을 대변하기도 하였다. 이슬람 종교의 특성에 따라 예술성을 가미하여 《꾸란》을 필사하는 독특한 문화가 발달한 것이다.

4.
화가가 화폭으로 보여 주는 이야기, 세밀화

《꾸란》 필사본과 함께 이슬람 세계에서 발달한 회화로 세밀화가 있다. 미니어처(Miniature)라고 칭하며, 주로 책의 삽화를 지칭한다. 책의 내용에 맞춰 작은 그림을 그린 것으로 시작하였는데, 이야기 내용이나 제작 시기에 따라 한 페이지 전체를 채우는 회화 작품을 그리기도 하였다. 책의 삽화라는 특징에 따라 작품을 그린 화가의 이름보다는 작품이 수록된 책의 제목, 책 제작을 지원한 후원자의 이름이 더 널리 알려져 있다. 이슬람 초기 시대부터 제작하였고, 제국 시기에 들어서면서 오스만, 사파비, 무굴 제국에서도 폭넓게 제작하였다.

이슬람 세계 최초의 세습 왕조이자 세속 왕조였던 우마이야조에서는 세밀화를 제작하기보다는 건축물에 프레스코화를 그렸다. 이슬람 세계에서는 사람과 동물을 묘사하지 않는다는 세간의 편견과 달리, 비잔틴 제국의 영향을 받은 다양한

فاذا برد العصير فصفه فهذا الشراب موافق لوجع الحلق والجنب والرئتين

والاسر والرافف ولمن به بلغم غليظ في حلقه يصفي اللون ويكثر النوم

وليبس له غايلة موافق للمثانة والكلى

صنعة شراب للزكام والسعال

وورم البطن واسترخاء المعدة خذ مر ربع اوقية واصول سوسن ثمن اوقية

وفلفل ابيض ربع ثمن اوقية دقه جميعا واربطه بخرقة واجعله في ثلثة اقساط شراب

طيب واتركه ثلثة ايام ثم صفه وارفعه في اناء نظيف اشرب منه بعد العشا

《드 마테리아 메디카》에 수록된 세밀화

회화 작품을 세속 건축물을 장식하는 데 활용하였다.

세밀화가 본격적으로 등장한 시기는 압바스조이다. 특히 유럽에서 발달한 다양한 책을 아랍어로 번역하면서 내용과 관련된 그림을 책 속에 그려 넣기 시작하였다. 대표적인 작품으로는《항성에 관한 책(The treatise of the fixed stars)》, 약용 식물도감인《드 마테리아 메디카(De Materia Medica)》,《기계장치에 대한 지식서(Book of Knowledge of Mechanical device)》등이 있다. 이러한 필사본의 특징은 책에서 이야기하는 지식과 정보를 전달하기 위한 시각 자료로서 회화 작품을 그렸다는 것이다.

13세기에 이슬람이 전파되어 기독교와 공존했던 이베리아 반도에서 집필된 기독교인과 무슬림의 사랑 이야기를 그린《바야드 와 리야드(Bayad wa Riyad)》라는 이야기책이 있다. 이 역시 단순히 이야기만 기록한 것이 아니라 당시의 건축, 의복, 생활 문화를 엿볼 수 있는 세밀화가 함께 수록되었다. 나아가 책을 구성하는 서체 역시 안달루스체라고 하는 이베리아반도에서 발달한 서체가 사용되었다.

역사를 기록한 책에도 다수의 세밀화가 남아 있다. 가장 유명한 역사서로 꼽히는《집사(Jami al-Tawarikh)》에도 다양한 그림이 수록되어 있다. 이는 몽골의 침략 이후 세워진 일칸국(Ilkhanid Dynasty, 1256~1335년)에서 제작하였으며 라시드 알딘 하마다니(Rashid-al-Din Hamadani, 1247~1318년)가 저술하였다. 이슬람이 등장하기 이전부터 모든 역사를 기록하였다고 하여 '집사(集史)'라는 제목이 붙은 책으로, 역사의 주요 장면을 그림과 함께 담아냈다. 가장 유명한 그림으로는 알렉산더 대왕의 일대기를 다룬 그림과 예언자 무함마드의 일화를 다룬 그림들이 있다. 몽골의 영향을 받은 만큼 중국풍의 회화 기법을 사용하였고, 이 같은 영향은 이후 세대까지 꾸준하게 전달된다. 재미있는 점은 예언자 무함마드의 얼굴을 동양인과 같은 모습으로 그려 두었다는 점이다. 이는 당대에 보는 이로 하여금, 자신들을 통치하는 동쪽에서 온 이방인들을 무함마드와 같은 외양을 가진 사람들로 인식하게 하여, 통치의 정당성과 종교적 정통성을 모두 확보하는 결과를 가져올 수 있었다.

화가의 이름이 잘 남지 않는 세밀화의 특성에도 불구하고 자신의 이름을 남긴 화가가 있었다. 카말 웃 딘 비흐자드(Kamāl ud-Dīn Behzād, 1455/60~1535년)는 티무르 제국 말기부터 사파비 제국 초기에 생존하며 페르시아 회화에 한 획을 그은 인물이다. 페르시아 회화의 특징인 기하학적 공간 활용을 통해 이야기를 한 폭에 담아내는 화풍을 정립한 인물로, 제국 시기 이후 페르시아 회화에 가장 큰 영향을 미친 인물이기도 하다. 가장 유명한 작품으로는 1488년에 제작한 〈유수프(Yusuf)의 유혹〉이 있다.

오스만 제국, 사파비 제국, 무굴 제국이 공존하던 제국 시기

《바야드 와 리야드》에
묘사된 악기 연주
모습(상)
비흐자드 작
<유수프의 유혹>(하)

에 들어서면서 각 제국의 특징에 따라 세밀화도 다르게 발달하였다. 제국의 발달과 함께 회화 작품도 전성기를 맞았다. 현대 사회에서 이슬람 세계의 세밀화는 우리에게 다양한 이야기를 전하고 상상력을 자극하며, 과거 이슬람 세계 속 사람들의 생활 모습을 엿볼 수 있게 한다.

5.
공예품이 전하는 이슬람 역사 이야기

공예품은 일상생활에서 사용한 물건부터 특별한 목적으로 제작한 작품들에 이르기까지 다양하다. 공예품을 구분하는 기준에는 제작 시기, 지역, 기법, 재료, 용도 등 여러 가지가 있다. 이슬람 세계의 대표적인 공예품으로는 도자기, 타일, 금속 세공품, 직물, 유리 제품, 악기, 보석, 동전, 종교 관련 용품 등을 들 수 있다.

종교 관련 공예품 중 가장 널리 알려진 것은 모스크 내부 기둥에 달거나 천장에 매달아 두는 모스크 램프이다. 유리 공예품으로 많이 제작하는데, 일부 유물의 경우 커다란 수정 조각을 통째로 조각하여 만들기도 하였다. 모스크에서 사용하는 공예품이기에 아랍어 명문과 기하학, 식물, 꽃문양 패턴을 활용하여 장식하는 경우가 많았다.

《꾸란》 받침대는 말 그대로 《꾸란》을 올려놓을 때 사용하는

시장에서 판매되고 있는 금속 공예품

공예품이다. 일반적으로 나무를 깎고 조각하여 만들었고, 현재는 이집트 맘루크조(Mamluk Dynasty, 1250~1517년)에서 세공한 작품이 많이 남아 있다. 《꾸란》 받침대와 함께 필통과 같은 나무 공예품도 전해진다. 이들 작품은 자개를 활용해 상감 기법으로 장식하는 등 화려한 모양새를 하고 있다.

종교적 목적과 관계없이 제작한 수많은 공예 작품 중에서 유명한 작품을 몇 개 꼽아 보자면, 우선 시칠리아의 왕이었던 로제르 2세(Roger II of Sicily, 재위 1105~1130년)의 대관복 망토를 들 수 있다. 이 작품은 매우 특별한 의미가 있다. 기독교인이었던 로제르 2세의 대관복을 무슬림 공예가들이 만든 것이다. 또한 망토 주변에 아랍어 구절을 자수 놓는 등 기독교와 이슬람 문명이 혼재된 모습을 보인다.

대관복에서 볼 수 있듯이 아랍 세계의 직물은 매우 발달하였고, 대표적인 직물 공예로 카펫을 들 수 있다. 카펫은 이슬람이 발흥하기 전부터 유목민 생활의 필수품이었다. 바닥에서 올라오는 찬 기운, 습기, 벌레 등을 막고 텐트 내부를 장식하는 용도로도 사용하였다. 이슬람이 전파되면서 다양한 패턴을 활용한 카펫이 생산되어 이슬람 세계 곳곳으로 퍼져 나갔다. 카펫의 확산과 더불어 이슬람 세계 고유의 장식 패턴이 함께 전달되어 동시다발적으로 동일한 유형의 장식 문화가 발달하는 결과를 가져왔다. 아랍, 튀르크, 페르시아의 카펫은 현대 사회에서도 고가의 공예품으로 여겨진다.

이슬람 세계에서 직물 공예만큼이나 발달한 공예는 도자기와 타일이 있다. 특히 도자기에 사용되어 짙은 코발트색을 내던 안료는 우리나라 《조선왕조실록》에도 회회청(回回靑)이라는 명칭으로 기록되어 있다.

튀르키예를 비롯한 중앙아시아 지역의 모스크나 마드라사, 기념비적 건축물은 타일을 사용해 장식하였다. 이슬람 세계의 타일도 처음부터 현재의 모습을 한 것은 아니었다. 각각의 색을 내는 타일을 구워 깬 다음 조각조각 모자이크와 같은 장식을 하는 것부터 시작하였다. 굽는 온도에 따라 각각의 색이 다르게 나타났기 때문에 한 판에 다른 색감이 동시에 나타나도록 굽는 것은 고도의 기술이 필요한 일이었다.

초기에는 푸른빛을 완전히 구현하지 못해 청록색에 가까운 색이 나오기도 하였는데, 시간이 흐름에 따라 기술이 발달하였고, 완연한 푸른빛이 도는 타일을 구울 수 있게 되었다. 특히 양질의 타일과 도자기를 구울 수 있는 지역이 있었고, 이 지역의 이름을 붙여 특정 타일을 지칭하게 되었다. 이곳이 바로 이스탄불에서 100km 떨어진 곳에 있는 이즈니크(Iznik)이다. 이즈니크 타일은 반짝이는 유약 아래 화려한 색상을 조합하여 만드는 것으로 유명하였다. 흰색 바탕에 푸른색과 붉은색을 사용하였고, 16세기에는 그 기술력이 정점에 이르렀다.

톱카프 궁전에 장식된 이즈니크 타일

이 외에도 후기 우마이야조가 있었던 스페인 남부 알안달루스(안달루시아)에서 발견된 상아함이나 유럽의 주문으로 제작한 성 요한의 세례반 사례에서 볼 수 있듯이 이슬람 세계에서는 다양한 공예품이 제작되었다. 이슬람 세계에서 만든 공예품이 꼭 무슬림을 위해 만들었거나, 무슬림만 사용한 것은 아니었다. 이슬람 초기 시대에 비잔틴과 사산조의 문화와 기술력이 이슬람 세계에 영향을 주고 교류했듯이, 이슬람 세계 예술의 발달은 유럽을 비롯한 다른 지역에 영향을 주었다. 결과적으로 다양한 문화가 한데 섞이고 교류하며 더욱 발전된 문화를 만들어 나간 것이다.

6.
낯선 선율 속 아름다움, 아랍 음악

아랍 세계의 음악은 다른 국가 및 문화권과 마찬가지로 다양한 장르와 형태를 보인다. 또 국가별로 고유한 전통 음악이 있다. 이슬람이 등장하기 이전 아랍의 음악은 시문학과 함께 발달하였으며, 5~7세기에는 아라비아반도만의 독특한 음악이 존재했다고 여겨진다. 특히 마캄(Maqam)이라고 하는 아랍 전통 음악만의 선율 방식이 있었는데, 이는 멜로디 진행 방식을 의미하며, 즉흥 연주 기술을 뜻한다. 아랍 전통 음악은 바로 이 마캄을 기반으로 구성된다.

이슬람 초기 시대에도 마캄을 바탕으로 음악을 즐겼다. 마캄은 성악과 기악 모두에 적용할 수 있었다. 당대의 유명한 음악 이론가로는 알킨디(Al-Kindi)가 있다. 아부 알파라즈 알이스파하니(Abu al-Faraj al-Isfahani, 897~967년)는 《노래의 책(Kitab al-Aghani)》이라는 제목의 음악서를 집필하였다.

아부 알파라즈 알이스파하니의 《노래의 책》

움 쿨숨(좌), 파이루즈(우)

특히 이슬람이 유입되었던 이베리아반도의 남부 알안달루스는 악기 제작 중심지로 발달하였고, 유럽 사회의 악기에도 영향을 주었다. 바이올린의 원형으로 알려진 레벡(Rebec), 기타, 플루트의 일종인 엑사베바(Exabeba), 베이스 드럼의 일종인 아타발(Atabal) 등이 아랍 악기에 뿌리를 두고 있다.

이 중 레벡의 원형인 라바브(Rabāb)는 초기 형태의 현악기로 알려져 있는데, 이 악기에서 활로 켜는 유럽의 현악기가 파생된 것으로 여겨진다. 또한 기타의 경우 학설에 따르면, 아랍인들이 사용하던 우드를 이베리아반도에서 개량하였고, 이 악기가 현대 기타에 이르렀다고 보기도 한다.

20세기에 들어서면서 아랍 음악도 조금씩 서구의 영향을 받기 시작하였다. 아랍 전통 음악과 운율, 리듬에 서양식 가사를 붙이고 아랍 악기와 서양 악기를 함께 활용해 연주하는 아랍 팝이 발달하기도 하였다. 아랍 국가 전체를 아우르는 인기를 구가하는 가수들도 등장하기 시작하였는데, 20세기 중반에 활동한 이집트의 움 쿨숨(Umm Kulthum)과 레바논의 파이루즈(Fairuz)는 전설적인 가수로 여겨진다.

최근에는 미디어 플랫폼이 발달하고, 세계 모든 국가의 사람들이 문화를 공유하고 향유하면서 아랍 세계의 사람들도 다양한 음악을 즐기고 만들어 내고 있다. 이 가운데 한국 음악 역시 아랍 세계에서 큰 인기를 끌고 있다. 케이팝(K-pop)은 아랍 세계에서도 즐겨 듣는 음악의 한 장르가 되었다.

7.

화려한 장식의 찰랑 소리와 칼의 운율, 아랍 세계의 춤

흔히 아랍 세계의 춤이라고 하면 여성들이 화려한 복장을 하고 추는 벨리 댄스(Belly dance)를 떠올리지만, 아랍 세계에서도 다양한 춤이 발달하였다. 크게 민속 무용, 고전 무용, 전통 무용으로 나눌 수 있으며, 세부적으로 이름 붙여진 다양한 춤이 존재한다.

아랍 세계의 고전 무용으로는 벨리 댄스, 샤마단(Shamadan), 발라디(Baladi) 등이 있다. 고전 무용은 이슬람 이전의 아랍 세계에서부터 지속적으로 전해지는 춤으로, 시간의 흐름에 따라 다양하게 변화하면서 전승되었다.

벨리 댄스는 상체의 움직임을 강조하는 춤으로, 특히 허리 움직임이 많은 춤이다. 풍만한 체형을 한 여성들이 허리부터 골반을 움직이며 추는 까닭에 관능적인 느낌이 강하지만, 여성과 남성 모두가 즐길 수 있는 춤이다.

샤마단은 이집트 고전 무용의 하나로, 머리에 커다란 촛대를 얹고 결혼식과 같은 행사 때 추는 춤이다. 발라디는 20세기 초반에 발달한 고전 무용으로, 이집트의 시골 마을에서 도시로 상경한 이주민들이 좁은 공간에서 추기 시작하면서 널리 퍼져 나갔다. 신체의 다른 부분은 거의 사용하지 않고, 엉덩이의 움직임으로 표현하는 춤으로 벨리 댄스보다 더 무겁게 느껴진다.

대표적인 민속춤으로는 다브케(Dabke)와 데헤이(Deheyeh)가 있다. 민속춤은 인간의 삶 속에서 관혼상제와 같은 축하하거나 기념할 일이 있을 때나 종교적 행사를 열 때 주로 추던 춤이다.

다브케는 요르단, 팔레스타인, 레바논, 시리아를 포함하는 레반트 지역에서 주로 추는 춤이다. 무용수들이 줄을 지어 서거나 원형을 만들어 추는 춤으로 '발을 구르다', '소란을 피우다'라는 단어에 뿌리를 둔 것으로 알려져 있다.

데헤이는 레반트 지역과 아라비아반도의 사막 지역에서 거주하는 베두인들이 추던 춤으로, 주로 부족민의 의욕과 사기를 북돋기 위해 추는 춤이었다. 따라서 주로 전쟁이나 전투를 전후로 하여 추던 춤이다. 최근에는 결혼식이나 명절 때 주로 춘다.

전통 무용에는 칼리지(Khaleegy), 아르다(Ardah), 타노우라

샤마단(출처: Wikimedia Commons)

다브케를 추는 소녀들(출처: Wikimedia Commons)

(Tanoura, 수피춤) 등이 있다. 칼리지는 아라비아반도에서 많이 추는 춤으로, 전통 민속춤과 현대 무용이 혼합된 형태이다. 특히 결혼식이나 행사에서 여성들이 주로 추는 춤으로 시작되었다. 시간이 흐름에 따라 벨리 댄서들이 칼리지 춤을 함께 추기도 하였다. 춤 동작은 여성스럽고 리듬감이 넘친다. 주로 손과 머리를 사용하여 춤을 추며, 이때 무용가가 입은 의상 역시 춤의 일부분으로 활용된다. 무용수들은 머리카락을 흔들어 마치 파도와 같은 형상을 만들고, 손을 활용하여 다양한 모습을 표현한다.

아르다는 아라비아반도에서 추는 집단 춤의 일종이다. 남성들의 춤으로, 보통 두 줄로 마주 본 상태로 춤을 춘다. 이때 남성들은 칼이나 지팡이와 같은 소품을 들고 춤을 추기도 한다. 아르다는 보통 전쟁에 나가기 전에 남성들이 추는 춤으로 알려져 있다. 최근에는 다양한 행사와 축제에서 많이 추는 춤이며, 2015년 유네스코 무형문화유산에 선정되었다.

타노우라는 무용수가 제자리에서 빙글빙글 원형을 그리며 추는 춤이다. 원래는 수피 교단 소속 수도자들이 신과 합일하기 위한 의식의 하나로 추었던 춤이었다. 이집트의 경우 화려한 색의 천으로 장식한 넓은 치마를 입은 남성 무용수가 제자리에서 연속으로 회전하며 추는 춤으로, 수피가 추는 춤이라기보다는 민속 무용의 한 형태로 널리 보급되었다.

칼을 들고 아랍의 전통춤을 추는 남성들

이집트의 타노우라(수피춤)

아랍 사람들에게 춤은 자신들의 정체성이라 할 수 있을 정도로 문화의 주요 요소로 여겨진다. 비단 아랍 세계에서만 춤을 즐기는 것이 아니라, 세계 곳곳에 아랍의 춤 문화가 전파되었다. 넓은 아랍 세계의 범위만큼이나 다양한 춤 문화가 자리 잡고 있으며, 여성뿐만 아니라 남성 역시 여러 형태의 춤을 즐긴다.

8.
영화를 통해 아랍 사회 읽기

아랍 세계의 영화 산업은 말 그대로 아랍 국가에서 제작 및 상영하는 영화 관련 산업을 의미한다. 사전적 정의는 아랍 22개국을 모두 포함하지만, 현실적으로 영화 산업을 유지하고 작품을 만들어 내는 국가는 이집트, 레바논이 중심이 되며, 이 외에 이라크, 팔레스타인, 쿠웨이트, 알제리, 모로코, 튀니지, 요르단, 아랍에미리트, 사우디아라비아 등이 있다.

1920년대에 아랍 현지에서 최초로 장편 영화를 제작하기 시작하였다. 초기 영화는 다른 지역처럼 서구 영화를 모방하는 것으로부터 출발하였다. 아랍 국가 중에 영화 산업을 이끌었던 국가로는 이집트를 꼽을 수 있다. 20세기 초 카이로와 알렉산드리아에는 영화관이 생기기도 하였다.

근현대 이후 이슬람 근본주의가 강해진 사우디아라비아 같은 국가에서는 영화 산업이 크게 발달하지 못했다. 사우디아라비아의 경우 2018년에 이르러서야 제다(Jedda)에서 처음으로 영화관이 문을 열었다. 이에 비해 종교적으로 개방되고 아랍 전 지역에서 인기를 끈 배우가 많았던 이집트와 레바논에서는 영화 산업이 발달하였고, 이는 곧 엔터테인먼트 산업 전반의 발달을 가져왔다.

아랍 영화는 정치, 시대극, 종교, 사회 금기를 향한 도전 등과 같은 광범위한 주제를 다루었다. 서구 영화를 모방하던 초기에서 벗어나 다양한 시도를 하면서 아랍 영화만의 스타일을 만들기 시작하였다. 따라서 아랍 세계에서 영화는 문화를 즐길 수 있는 도구인 동시에, 아랍 사회를 대변하고 변화를 이끌어 내는 매개체이기도 하다.

변화를 가져온 대표적인 영화로 〈와즈다(Wadjda)〉가 있다. 〈와즈다〉는 2012년 사우디아라비아에서 제작한 영화로, 사우디아라비아 현지에서 촬영한 최초의 장편 영화였다. 제86회 아카데미 시상식에서 사우디아라비아 최초로 최우수 외국어 영화상 후보로 선정되기도 하였다.

영화 〈와즈다〉는 사우디아라비아에 사는 한 어린 소녀의 이야기이다. 자전거를 타고 싶었지만 사회 분위기상 자유롭게 자전거를 탈 수 없는 와즈다가 자전거를 살 돈을 마련하기 위해 갖은 노력을 하고 결국 자유롭게 새 자전거를 타고 다니는 모습으로 끝을 맺는다. 극이 진행되는 중간에 등장하는 와즈다 부모의 삶의 모습을 통해 사우디아라비아에서 여성으로 산다는 것이 어떤 의미인지를 끊임없이 보여 준다. 와즈다 이외에는 다른 아이를 낳지도, 낳을 수도 없었던 와즈다의 어머니는 자신의 남편이 두 번째 부인을 맞는 것을 그대로 지켜보고 있어야만 했다. 어머니는 자신을 꾸며 남편을 돌아오게 하는 대신 딸을 위해 새 자전거를 사 주는 선택을 한다.

감독은 영화를 통해 사우디아라비아에서 벌어지는 여성 관련 불평등을 이야기하였다. 이 영화가 계기가 되어 이제 사우디아라비아에서도 여자아이들이 자유롭게 자전거를 탈 수 있게 되었다고 한다. 그뿐만 아니라 최근 시행된 개혁조치 덕분에 여성들이 직접 운전하는 것도 가능해졌다.

이처럼 영화는 아랍 사회의 다양한 모습을 담아내고 사회 변화를 이끌려 노력한다. 이는 단순히 아랍 안에서의 변화뿐만 아니라, 아랍 세계를 바라보는 외부인들에게 아랍의 현실을 알리고 이야기를 전달하기도 한다. 특히 팔레스타인 관련 영화들이 이런 모습을 보이는데, 대표적으로는 〈천국을 향하여(Paradise now)〉, 〈오마르(Omar)〉 등이 있다.

아랍 세계의 영화 산업은 21세기에 들어서면서 조금씩 하향세를 보이고 있다. 심지어 아랍의 할리우드라고 일컬어지는 이집트의 영화 산업도 쇠락하였다고 평가받는다. 1960년대에는 연간 60편 이상 제작되었던 이집트 영화가 최근에는

12여 편 수준으로 급감하였다.

다양한 미디어 플랫폼의 발달과 할리우드 영화의 홍수 속에서 아랍 영화 산업을 지키는 것은 결코 쉬운 일이 아닐 것이다. 그럼에도 아랍 영화는 아랍 문화의 다양한 모습을 선명하게 담아내며 사람들에게 많은 이야기를 전해 줄 것이다.

이것이 아랍 문화다

초 판 1쇄 인쇄 · 2022. 11. 1.
초 판 1쇄 발행 · 2022. 11. 11.

지은이 이희수 · 김정명 · 이수정 · 마영삼
발행인 이상용
발행처 청아출판사
출판등록 1979. 11. 13. 제9-84호
주소 경기도 파주시 회동길 363-15
대표전화 031-955-6031 팩스 031-955-6036
전자우편 chungabook@naver.com

ISBN 978-89-368-1212-6 03900